KB151973

Universal
Basic Income

기본소득

이재명과 앤드류 양은
왜 기본소득을 말하는가?

기본소득
- 이재명과 앤드류 양은 왜 기본소득을 말하는가?

초판 1쇄 발행
2021년 5월 3일

지은이 정재호, 박병기, 김희경
펴낸곳 거꾸로미디어
펴낸이 박병기
편집디자인 컬러브디자인
인쇄 예원프린팅
출판등록 2017년 5월12일 제353-2017-000014호
연 락 처 031) 242-7442
홈페이지 http://microcollege.life / http://gugguro.news
전자우편 admin@ebpss.page / gugguro21@gmail.com
카카오톡 ID gugguro

ISBN 979-11-971750-5-3

Universal
Basic Income

기본소득

이재명과 앤드류 양은
왜 기본소득을 말하는가?

정재호

박병기

김희경

거꾸로미디어

Contents

들어가는 말

나는 두 종류의 안경을 갖고 있다. 하나는 가까이 있는 것을 잘 볼 수 있는 안경과 멀리 있는 것을 선명하게 볼 수 있는 안경이다. 책을 읽거나, 스마트 폰을 볼 때는 근거리 안경을, 강의에 참여하거나 운전할 때는 원거리 안경을 쓴다.

근거리 안경을 쓰고 운전을 하면 세상 모든 게 뿌옇게 보이고 안전 운전을 할 수 없다. 원거리 안경을 쓰고 책을 읽거나 스마트 폰을 보면 글자가 잘 보이지 않아 도무지 아무것도 할 수 없다.

어떤 안경을 쓰느냐에 따라 효율적인 '보기'가 가능하다.

요즘 세상은 4차 산업혁명 시대를 준비한다고 난리다. 그런데 문제가 생겼다. 미래를 준비한다면서 4차 산업혁명에 필요한 안경을 쓰지 않고 이전의 안경을 쓴 채 준비를 한다. 그러면 뿌옇게 보이거나 잘 안 보여서 위험해진다. 마치 내가 밤에 운전할 때 근거리 안경을 쓰고 위험한 운전을 하는 것과 같다. 이는 사고의 위험을 안고 운전을 하는 것이다. 요즘 4차 산업혁명 시대의 준비가 그래 보인다. 2차, 3차 산업혁명의 안경을 쓰고 미래교육을 진행하려고 하니 잘 될 리 없고 매우 위험하다.

안경을 얼른 바꿔 껴야 하는데 절대 기존의 안경을 벗으려고 하지 않는다. 이는 단순히 안 보이는 게 아니라 위험한 일이다. 사람들로 하여금 4차 산업혁명을 준비시키지 못하고 이전 시대로 역행하도록 하기 때문이다.

이는 단순히 준비의 실패가 아니라, 생존의 실패로 이끌어진다. 우리가 4차 산업혁명을 제대로 준비하지 못하면 생존에 위협이 생긴다. 이런 위기의 상황에서 사람들이 2, 3차 산업혁명의 안경을 쓰고 있으면 마치 글자가 제대로 안 보이는 것처럼 4차의 파도가 보이지 않는다. 그리고 우리는 모두 4차의 파도 속에 파묻히게 된다.

스쿨 버스 운전사가 있다. 그가 운전할 때 원거리 안경을 써야 하는데 만약 근거리 안경을 쓰고 시야가 막혀버린다면 어떤 일이 벌어질까. 대형사고가 터질 것이다. 지금의 대한민국이 그런 대형사고의 직전에 있다.

4차 산업혁명 시대를 준비하면서 온통 기술의 발전과 숙달에만 집중되어 있다. 굉장히 위험한 일이다. 기술에만 집중하다간 인공지능(AI)에 밀려나거나 지배당할 수 있다. 그러면 어떻게 해야 하는가.

나는 일단 교육을 미래교육으로 제대로 해야 한다고 생각한다. 미래를 준비시키는 교육이다. 기존 교육에서 탈피한 교육이다. 이를 위해 나는 웨신대 미래교육리더십 전공을 통해 미래를 준비시키는 일을 하고 있고, eBPSS 마이크로칼리지, 증강학교 등을 원우들과 함께 세워 미래교육을 진행하고 있다. 교육을 진행하면서 필요한 게 무엇인가를 지난 5년 동안 곰곰이 생각하고 연구했다.

여러 가지가 있는데 그중 두 가지는 재정 교육과 기본소득이었다. 새로운 시대를 제대로 살아가려면 전 세계 주식의 동향을 파악하는 감각이 필요하다는 것을 알게 되었다. 국내 주식을 포함한 전 세계 주식 시장의 동향이다. 그래야 경제 감각이 생긴다고 판단하였다. 다음이 정부에서 이끌어가는 기본소득에 대한 교육이다.

4차 산업혁명 시대에 기본소득에 대한 준비가 되지 않으면 부의 극한 쏠림 현상이 심각해질 것이고 많은 사람이 직장을 잃거나 낮은 수입으로 살 수밖에 없게 된다. 이는 이미 수많은 보고서, 연구서, 서적에서 거론된 내용이다. 이를 예방하는 것이 기본소득이다.

나는 그래서 웨신대 미래교육리더십의 박사생 김희경, 현직 베테랑 기자 정재호와 함께 2020년부터 이 책을 준비했다. 김희경은 주로 사회복지 분야의 논문을 연구했고 정재호는 인물 중심으로 기본소득을 연구했다. 필자는 이 책의 전체 그림을 그리며 필요한 연구 분야에 대한 가이드를 주는 역할을 했다.

공동저자 김희경은 "이 글을 쓰며 울기도 많이 울었다. 특히 청년 기본소득 관련 글(6장)을 쓸 때는 통곡하며 울었다"라고 말했다. 청년의 암담한 현실이 남의 일이 아니었기 때문이다. 앞으로는 청년이 아닌 대부분의 사람이 오늘날 청년과 같은 상실감을 느낄 것이 분명하기 때문이다. 준비가 제대로 되지 않으면 청년들의 고통이 전 국민의 고통이 될 가능성이 매우 크다.

또다른 공동저자 정재호는 "보편적 기본소득은 피할 수 없는 시대의 요구이다. 스마트폰이 일상에 스며들어 단시간에 우리 생활을 점령했듯이 기본소득도 그러할 것이다. 지위고하를 막론하고 사람이 일을 하지 않거나 덜하게 되는 4차 산업혁명 시대를 미리 대비할 필요가 있다. 인간이 인간답게 살 수 있도록 최소한의 물질적 지원을 제공할 기본소득은 4차 산업혁명 시대가 몰고 올 여러 가지 난제들과 맞물려 가장 현실적인 해답을 제시하고 있다고 생각한다"라고 말했다.

인디 음악이라는 게 있다. 차고 안에 연습한다고 해서 거라지 락 Garage Rock 이라고도 불리고 혼자 알아서 한다고 해서 DIY Do It Yourself 음악이라고 한다. 다듬어지지 않고 거친 형태의 음악을 발표했던 사람들이 인디 음악인들이었다. 이들은 상업적으로 성공하지 못해도 소수의 팬에게 강렬한 인상을 주려고 했다. 자신이 연습한 음악을 무대에 올리려면 엄청난 희생과 헌신이 따랐을 것이다.

이 책은 인디 출판사인 거꾸로미디어에서 만들었다. 다소 거칠고 다듬어지지 않은 것이 이 책 안에 보일 것이다. 수익이 없어도 음악을 계속 했던 인디 밴드처럼 거꾸로미디어는 부족하더라도 주류 세계에서 말하고 싶어하지 않는, 또는 말하고 싶어도 할 수 없는 이야기를 계속 종이에 담아 출판을 할 것이다.

이 책은 '불편한 진실'을 담고 있다. 그리고 그 불편한 진실은 계속 거꾸로미디어를 통해 쏟아져 나올 것이다.

인디 출판사에서 책이 나오려면 많은 사람의 희생과 헌신이 따라야 한다. 희생과 헌신을 해준 모든 분들에게 감사를 드린다. 인디 출판은 영원하다.

- 수원 지동에서 박병기 (공동저자 겸 편집인)

제1장

왜 기본소득인가?

#장면 1. 결혼 8년차에 아이 둘을 둔 30대 전업주부 박지은 ⒊⒏씨의 아침 일과는 7시쯤 눈을 뜬 후 스마트폰을 열고 사물인 터넷IoT으로 연결된 전기레인지를 켜는 것으로 시작한다. 전날 밤에 '드론무선전파로 조정할 수 있는 무인 비행기'으로 배달 온 신선한 소고깃국과 달걀말이 등을 올려놓고 잠든 덕에 굳이 침대 밖을 나와 부산을 떨어가며 가족들의 아침 식사를 준비하지 않아도 된다. 밥솥에는 예약을 걸어둔 밥이 김을 모락모락 내뿜으며 식욕을 자극한다. 인공지능AI 기반의 요리를 돕는 셰프 로봇은 가족들의 입맛을 책임진다. 이제 그가 할 일은 간단하게 밥상을 차리는 것뿐이다. 이 시간 가사도우미 로봇은 스스로 깨어나 집안청소를 시작한다. 6살 아들과 4살 딸을 잔잔한 클래식 음악으로 깨우고 등원준비를 돕는 것도 로봇의 몫이다. 어린이집에서 돌아온 아이들과 놀아주고 공부까지 시켜주는 로봇은 주부 박씨의 삶에 없어서는 안될 최고의 '척척박사' 도우미다.

박씨에게 주어진 집안일이라고는 식사 후 식기들을 세척기에 넣는 일, 따스한 햇볕이 내리쬐는 오후가 되면 빨래를 세탁기에 넣고 돌린 뒤 건조기로 옮겨 말리는 정도다. 이마저도 계속 더 업그레이드돼 시장에 속속 등장하는 각종 로봇 덕택에 하지 않아도 될 세상이 곧 온다고 한다. 남는 시간 박씨는 흐뭇한 미소를 지으며 좋아하는 커피를 내려 마시고 친구들을 만나 수다를 떨기도 하며 평소 배우고 싶던 미술과 수영 강습을 받는다.

가끔 아파트에 들러 이런 생활을 지켜보는 친정어머니는 드라마틱하게 변한 세상이 그저 놀랍고 감사하다. 딸이 자신처럼 고생하지 않아 좋다고 하면서도 종종 "나 때는 말이야. 내가 움직이지 않으면 집안이 안 돌아갔다. 일찍 일어나 아침식사를 준비하고 집 청소하고 빨래를 널고 개고하다 보면 하루가 금방 지나가. 아이들이 학교에서 돌아오면 그때부터는 아이들 뒤치다꺼리를 하느라 정신이 없었다"며 이른바 '라떼'론을 펼치는데 박씨에게는 별로 와 닿지 않는 말이다. 그는 그저 지금의 삶이 흡족할 따름이다.

#장면 2. 40대 가장 조성만(47)씨는 몇 달 전까지 로펌에서 근무하던 어엿한 변호사였다. 그러나 갈수록 어려워지는 업계 여건 탓에 회사가 구조조정을 단행했고 결국 정든 직장을 나와야 했다. 'e디스커버리'라는 AI 프로그램이 업계에 본격 도입되면서 지난 반세기 고소득 전문직의 대명사이자 가장 선망 받는 직업 중 하나였던 변호사들의 입지가 좁아졌다. e디스커버리는 4차 산업이 낳은 대표적인 서비스다. 사람 변호사를 쓰는 비용의 약 20%만으로 수백만 건의 법률 문서를 단시간에 분석해 최적의 판례를 제공한다.

개인 변호사 사무실을 개업하는 게 비전이 없다고 판단한 조씨는 경력을 살려 법과 연관된 새로운 분야의 '스타트업신생 벤처기업'에 도전하기로 했다. 그러나 주어진 시간은 많지 않다. 사업자금이 필요한 건 물론이고 곧 대학생이 되는 아이들 뒷바라지에 무리해서 장만한 아파트 대출금은 당장 이자조차 부담스러울 정도로 압

박감을 가져다준다.

   손가락만 빨고 앉아있을 수 없던 조씨는 급한 대로 자신이 잘하는 운전 실력을 살려 아르바이트 전선에 뛰어들기로 하고 가장 먼저 대리운전과 배달 일을 알아봤지만 여의치 않다. 불과 얼마 전까지 호황이던 배달업계가 금세 된서리를 맞았다. 드론이 하늘을 날아다니면서 물건을 나르는 시대가 성큼 다가왔기 때문이다. 대리나 택시 운전도 못할 일이 됐다. 눈 깜짝할 사이에 5단계_{완전자율주행·운전자의 개입이 필요하지 않은 완전자율운행} 체제까지 도달한 자율주행이 졸지에 일자리를 앗아갔다. 2020년 추산 전국 37만여 명 배달기사·20만여 명 대리운전기사·9만여 명 택시기사·5만여 명 택배기사들 상당수가 실업자로 내몰렸다. 전문직과 밑바닥 생계직종을 가리지 않는 4차 산업의 영향력 앞에 조씨는 무기력하기만 하다.

   #장면 3. 20대 취업준비생 김남선(27)씨는 어릴 적부터 공부를 잘하는 아이였다. 초·중·고를 거치면서 학업 성적은 항상 상위권을 유지했고 고등학교 시절에는 기대를 한 몸에 받으며 서울의 명문대에 진학했다. 지방 출신으로 자취를 하면서 누구보다 열심히 대학공부에도 매진했다. 부모님들이 어렵게 벌어 자신의 뒷바라지를 하고 있다는 걸 알기 때문에 그는 게으름을 피울 수가 없었다. 군대를 다녀온 뒤로는 그의 머릿속에 '취업'이라는 단 한 가지 목표만 자리 잡았다.

이제껏 별다른 좌절 없이 열심히 달려온 인생이지만 취업만큼은 뜻대로 되지 않았다. 남부럽지 않게 좋은 직장을 얻어 부모님의 자랑스러운 아들이고 싶지만 대학 졸업 후 취업 재수생으로 전락한 현실이 쉽게 받아들여지지 않는다. 백방으로 뛰어다니며 이리저리 원서를 넣어보지만 실력과 노력만으로 되는 일이 아니어서 낙담이 크다. 2020년 전 세계를 강타한 신종 코로나바이러스 감염증코로나19 사태 이후 비대면이 강화되고 그 여파로 경제가 크게 위축되면서 취업문을 뚫기가 더욱 팍팍해진 탓이다. 코로나19 사태를 겪고 난 뒤 앞으로 사회가 또 어떤 일로 어떻게 달라질지 모른다는 불확실성은 가뜩이나 답답한 가슴을 억누른다.

언제까지 고향에 있는 부모님에게 손만 벌리고 있을 수 없는 노릇이다. 용돈이라도 벌어보고자 가장 손쉽게 구할 수 있는 편의점 아르바이트를 알아봤지만 하늘의 별따기다. 대부분의 편의점이 직원을 '키오스크무인 안내기'로 대체한 지 오래다. 불확실한 미래에 사람들이 주머니를 닫고 온라인 비대면 화상 강의·로봇 강의가 활성화하면서 과외 거리마저 녹록하지 않다. 이럴 때 정부와 각 지방자치단체지자체에서 나오는 청년수당이나 미취업청년지원금은 김 씨에게 가뭄의 단비와 같이 큰 보탬이 되고 있다. 다만 지속가능한 것은 아니라서 씁쓸한 뒷맛을 남긴다.

김 씨는 괴로운 마음에 늦은 밤이면 방에서 '혼술혼자서 마시는 술'을 하는 날이 잦아지고 있다. 과자 부스러기를 놓고 홀로 술잔을 기울이면서 자신과 비슷한 처지의 사람들에게 안정적인 소득원이 생기면 바랄 나위없겠다는 막연한 생각을 품어본다. 한편으로는 어디서부터 무엇이 잘못됐는지, 이런 현실이 자신의 잘못 때문인지 사회구조의 잘못인지 명확히 답을 내리지 못한 채 또 하루 술기운에 기대 스르르 잠이 든다.

4차 산업혁명 시대 그리고 인간의 삶

장면 1~3은 아직 일어나지 않은 가상의 현실이지만 가까운 미래에 우리가 경험하게 될 현상이기도 하다. AI·로봇 등으로 요약되는 4차 산업의 파고가 일상을 뒤바꾸고 그 여파로 직업 및 직종의 '패러다임한 시대 사람들의 견해나 사고를 지배하고 있는 이론적 틀이나 개념의 집합체' 전환이 불가피해졌다. 전통적 인기·생계 직업의 상당수가 역사의 뒤안길로 사라질 공산이 크다. 새롭게 생겨나는 직업도 많을 테지만 균형을 맞추기에는 부족하다는 관측이 우세하다. 세계경제포럼WEF은 2020년 말 보고서에서 "AI와 로보틱스의 급속한 발전에 힘입은 새로운 세대의 스마트 기계들이 기존 인간 직업의 상당부분을 대체할 가능성이 있다."라고 결론지었다. 현재 모든 작업의 약 30%는 기계에 의해 수행되고 나머지는 사람들이 한다. 하지만 2025년쯤 그 균형이 인간과 기계의 '50-50' 결합이라는 극적인 변화를 맞는다. WEF는 "과거와 같이 새로운 일자리가 창출되겠지만 특히 스마트 머신의 비용이 감소하고 그 능력이 증가함에 따라 일자리가 충분하지 않을 수 있다는 우려가 있다"고 짚었다.

클라우스 슈밥. World Economic Forum

심지어 미래학자이자 경제학자인 제레미 리프킨2005은 인간노동이 기계로 대체됨으로써 1995년 이미 '노동의 종언'을 선포했을 정도다. 직업은 먹고 사는 수단이라는 점에서 인간의 삶 자체를 송두리째 흔들 만큼 파괴력을 지닌다고 할 수 있다.

4차 산업혁명이 가져다줄 다양한 기술들은 사람들을 더욱 편리하고 여유롭게 해주겠지만 예기치 못한 여러 가지 부작용도 동시에 낳게 될 전망이다. 핵심은 AI와 로봇 등이 앗아갈 일자리 문제다. 수입이 없는 실업자가 증가할수록 사회는 불안해진다. 국가에는 보다 튼튼한 사회안전망을 구축할 임무가 주어진다.

세상은 변하고 언제나 그렇듯 사람은 바뀐 환경에 적응해간다. 과연 30대 주부 박지은씨처럼 4차 산업이 가져다줄 생활의 혜택을 마음껏 누리게하면서 40대 실직자 조성만씨와 20대 취업준비생 김남선씨를 두루 만족시킬 뭔가 '신박새롭고 놀라운'한 해법은 없을까.

모든 걸 한 그릇에 담아 해결할 가장 이상적인 제도 중 하나로 최근 가장 주목받고 있는 것이 '기본소득'이다. 기본소득은 국민이라면 누구나 생계의 위협을 받지 않는 최소한의 소득을 정부로부터 지원 받는 이상향적 개념이다. '보편적 기본소득UBI·Universal Basic Income'이라고 널리 알려진 기본소득은 시험이나 요건 없이 모든 시민에게 정기적으로 현금이 지급되는 이론적 정부 공공 프로그램이라고 정의된다.

나라에서 매월 안정적인 생활비를 주는 기본소득이 현실화한다면 세상은 획기적으로 달라질 수 있다. 20대 취업준비생은 조바심을 내지 않고 자신이 진정으로 하고 싶은 일을 찾아 꿈을 펼칠 기회를 모색하게 된다. 30대 주부는 기술의 발전을 한껏 향유하고 40대 가장은 먹고 살 걱정 없이 '인생 2모작'을 준비한다. 50~60대는 여유 있는 노년을 맞이하며 70대 이상에게는 안락한 노후를 보장해주는 세상이다.

'21세기 기본소득'이란 책을 쓴 벨기에 정치 철학자 필리프 판 파레이스1995는 기본소득을 '모두를 위한 진정한 자유Real freedom for all'라고 표현했는데 기본소득이 있으면 실제로 개개인이 하고 싶은 대로 살 수 있는 자유가 가능해진다고 그는 설명한다. 많은 사람이 기본소득 때문에 게을러질 것이라는 우려와는 달리, 판 파레이스는 모든 구성원이 가치 있는 삶을 살도록 진정한 자유를 보장하는 것이 기본소득이라고 주장한다.Van Parijs, 2006, 2016

기본소득은 경제 이슈이기도 하지만 '자유'에 관한 이슈라고 할 수 있다. 기본소득이 불러올 자유를 놓고 일각에서는 그것이 장차 우리 모두를 기업가entrepreneur로 바꿀 것이라고 하고 다른 쪽에서 는 우리를 게으름뱅이로 전락시킬 뿐이라고 우려한다. 자유는 인간을 더욱 가치있는 일을 하는 사람으로 만들 것인가 아니면 방종한 인간으로 만들 것인가.

기본소득이 현실 세계에서 어떻게 작용할지 확실히 검증되지 않은 시점이어서 다양한 의견들이 쏟아져 나오는데 한때 '이상향' 심지어 '망상'이라고까지 지적받던 것이 거스를 수 없는 시대의 요구로 떠오르고 있는 점만은 틀림없다.

코로나19 사태를 겪으면서 대한민국 국민은 조건 없는 보편적 사회안전망을 경험했다. 이제 많은 사람이 일시적 긴급재난지원뿐만 아니라 불안한 미래 생활까지 보호받는 국가의 사회안전망을 기대하게 됐다. 이런 것이 공감대를 형성하면서 기본소득에 관한 관심이 증폭되고 있다.구글 트렌드, 2020 하지만 여전히 '공산주의'라든지 '인간이 게을러진다'든지 하는 프레임으로 기본소득 이야기를 토론조차 할 수 없게 하는 이들도 여전히 존재한다.

기본소득의 역사

기본소득은 어느 날 갑자기 뚝 떨어지는 것이 아니다. 계속된 토론과 부분적 실행이 필요하다. 기본소득은 나름 역사가 있다. 기본소득에 대한 생각은 16세기로 거슬러 올라가면 구할 수 있다. 잉글랜드 왕국의 법률가, 저술가, 사상가, 정치가인 토마스 모어는 '유토피아'utopia라는 표현을 처음으로 쓴 사람이다. 그가 쓴 유토피아에 보면 모든 사람이 보장된 소득을 받는 사회가 묘사된다. 세월이 흘러 18세기 후반 영국의 급진파 토머스 스펜스와 미국의 혁명파 토머스 페인이 바통을 이어받았고 그들은 모든 시민에게 기본소득을 보장하는 복지제도를 지지한다고 선언했다. 이렇게 수백 년 전 유럽에서 촉발한 기본소득은 '무조건적 기본소득'이 올바른 명칭이다. 국가 또는 지자체가 남녀노소 모든 구성원에게 자산심사 또는 노동 요구 없이 정기적으로 지급하는 소득인 것이다.BIEN, 2020

19세기 들어 기본소득에 대한 논쟁은 제한적이었지만 20세기 초에는 '국가 보너스'라는 접근으로 널리 논의됐다. 1945년 영국에서 모든 가정의 둘째와 그 이후 자녀에 대한 무조건적인 가족수당을 시행한 것이 본보기다. 1960년대와 1970년대 미국과 캐나다는 관련 복지제도인 마이너스 소득세 실험을 여러 차례 했다. 1980년대 이후 유럽에서의 토론은 더욱 광범위해졌고 점차 세계 여러 나라로 확대됐으며 2008년부터는 기본소득과 제도에 관한 다양한 실험이 이뤄지고 있다.

한국에서도 기본소득이 생각보다 오래전에 논의되기 시작한 바 있다. 바로 1·2차 석유파동1973년과 78년으로 위기가 찾아온 때다. 당시 경제에 결정타를 맞은 한국 사회에 기본소득에 대한 필요가 처음으로 거론됐다. 이후 1997년·2002년 두 차례 글로벌 금융위기를 통해 고용의 불안정화, 공적 사회보장제도의 광범위한 사각지대 발생 등을 해결하기 위한 대안으로 기본소득 이슈가 떠올랐다.김교성, 1990; 윤정향, 2002; 서정희, 조광자, 2008; 강남훈, 곽노완, 2009

하지만 잠시뿐이었고 이슈는 크게 대두되지는 못했다. 기본소득은 코로나19 이전만 해도 너무 유토피아적이고 공산주의적 접근이며 자유 지상주의적이라는 비판에서 벗어나지 못했다. 거부감의 결정적 요인은 '무조건'이라는 단어가 갖는 부정적 의미 때문이다. 또 '일하지 않은 자는 먹지도 말라'라는 자본주의 노동관으로 인해 '불공정한 사회', '게으른 복지 여왕이 만연하는 사회' 등을 우려한 목소리가 높아지면서 기본소득은 실현 불가능한 사회안전망 정도로 여겨졌다.Blake, 2012; Gilliam, 1999; Roh, 2013; 노정호, 2018

인식이 바뀌게 된 계기는 세계가 금세기 최악의 전염병이라는 코로나19를 2020년과 2021년에 경험하면서다. 뜻밖의 재난으로 사회문제들이 가중되면서 전 국민이 생존에 위협을 느꼈다. 대한민국 국민은 1~3차 산업혁명을 경험하면서 해결하지 못한 양극화와 소득 격차, 노동시장의 불안정 고용, 빈곤 등을 이미 경험하고 있었다. 이 와중에 터진 코로나19의 확산과 장기화는 국민을 불안에 빠뜨렸다.

경제 성장률은 0.5~0.6% 폭으로 크게 추락했는데 이는 금융 외환위기-5.1%, 오일쇼크-1.6%에 이은 역대급 기록이다.통계청, 2020; IMF, 2020 엎친 데 덮친 격으로 인공지능으로 대체되는 양상을 보인 노동시장의 변모 조짐이 국민을 더욱 불안하게 한다. 인공지능을 동반한 4차 산업혁명이 가져다준 '새로운 도전'은 기존 경제정책 중심으로는 직면한 각종 문제에 대응할 수 없다는 비관론이 계속 쏟아져 나왔다. 아울러 중산층이 무너지는 기류가 보였고 가계소비 부진이 이어지면서 미래는 불확실하다는 인식이 우리 안에 자리했다.

이러한 분위기는 한국에서만 있는 게 아니었다. 전 세계의 정치·경제·복지·공공 정책전문가들은 심각성을 느꼈다. 이들은 역사의 거대한 전환기를 맞아 다양한 정책논쟁에 머리를 맞대기 시작했다. 정치인들은 진보·보수진영을 떠나 최대 이슈인 기본소득에 대한 논의를 활발하게 전개했다. 대한민국 국민은 기본긴급재난지원을 통해 기본소득을 단회로 경험했고 상당한 만족감을 표했다. 힘을 받은 정치권은 고故 박원순, 이재명, 김경수 등 광역단체장을 필두로 김종인, 오세훈 등 보수 정치인과 소수진영인 조정훈 등이 가세하면서 기본소득 논의의 지평을 확대했다.안효상, 2020

　기본소득 도입은 외면하지 못할 세계적인 추세가 되었다. 한동안 소강상태였던 기본소득 도입에 대한 토론이 각국에서 부활했다. 2016년 기본소득을 구상하고 실험을 시도한 스위스를 중심으로 노르웨이·스웨덴·핀란드 등 북유럽 국가에서 기본소득이 본격 논의되었다. 당초 기본소득은 단순히 보편적 복지급여를 확대하는 방안으로 인식됐기 때문에 반대의 소리가 더 높았다. 북유럽 국가 국민은 기존 복지시스템을 개편하면서까지 기본소득을 도입할 필요성을 느끼지 못했다.신영규, 2018

　하지만 코로나19 이후 상황이 급변했다. 전 세계적으로 노동시장이 약화되고 실업자가 급증하면서 핀란드·스페인·이탈리아 등 유럽국가에서는 이들을 보듬고 갈 기본소득을 주요 이슈로 부상시켰다. 독일의 경우 앞서 핀란드가 실패한 기본소득 실험을 시도하기로 결정했다. 18세 이상의 독일 거주자 120명을 선정해 매월 1200유로약 160만원씩 3년 동안 기본소득을 지급하는 실험에 돌입했다. 이들은 사회과학자들이 선정한 2개 그룹 중 하나로, 현금을 받지 못하는 1380명의 통제그룹과 비교될 예정이다. 미국에서는 민주당 대선 경선에 나선 앤드류 양Andrew Yang 이 기본소득을 들고 나와 일부 국민에게 큰 인기를 끌었다. 핀란드·이탈리아에서 논의는 지속됐다. 김신희, 2020

기본소득에 대한 세 가지 견해

기본소득에 대한 견해는 크게 세 갈래다. 첫째 무조건 찬성하는 쪽, 둘째 긍정적으로 생각하지만 포퓰리즘을 경계하면서 충분한 논의 끝에 단계적으로 실행하자는 쪽, 셋째 사회보장 체계에서 실업급여를 주는 것만으로도 충분하며 기본소득 시행으로 들어가는 재정을 감당할 수 없기에 현실적으로 어렵다는 쪽이다. 기본소득 도입을 놓고 갑론을박은 여전히 진행되고 있다. 코로나19 이전만 해도 기본소득에 대한 사회복지계의 관점은 사회안전망 체계에서 적합하지 않다는 것이었다. 사회복지계에서는 기본소득에 대해 상당한 우려를 표하고 있는 것이다.

그렇다면 기본소득의 기본철학과 사회복지는 어떻게 다른가. 한마디로 '선별'과 '보편'의 차이이다. 덴마크의 사회학자인 요스타 에스핑-앤더슨Esping-Anderson의 기준으로 보면 한국은 '국민의 최저 생활 보장 실현, 실업이나 불황이 없는 완전고용의 달성 및 유지, 의료와 교육을 저렴하게 공급하는 등 국민 전체의 복지 수준이 매우 높은 풍요로운 사회의 모습'을 지향하는 자유주의 복지국가라고 할 수 있다. 사회복지를 지향하는 국가라는 말이다. 대한민국의 사회복지는 '국민이 안정적인 삶을 영위하는 데 위험이 되는 요소, 즉 빈곤이나 질병, 생활불안 등에 대해 국가적인 부담 또는 보험 방법에 따라 행하는 사회안전망'을 갖고 있다. 사회보험국민연금·의료보험·고용보험·산재보험과 공공부조·사회복지서비스 시스템이 대한민국에서 운영되고 있는 것이다.사회보장기본법, 제3조 한국의 사회복지는 선별적이다. 이는 기본소득의 '보편성'과 다른 형태이다.

기본소득의 경우 모두에게 주어지는 '보편성', 자산·기여·노동능력도 필요하지 않은 '무조건성', 최저생활을 보장하고 임금소득을 대체할 만큼의 '충분성'을 지향하기 때문이다.남세진·조흥식, 1995 모두라는 보편성과 아무런 조건도 묻지 않는 무조건성 그리고 최저생활 이상을 누릴 수 있는 충분성을 기본소득은 갖고 있다.

기본소득은 전 국민을 대상으로 '무조건' 혜택이 제공되기에 소득 재분배와 보충성에 맞지 않는다. 즉 사회복지의 기본적인 출발과 매우 다르다. 기본소득은 또한 국민의 소득보장과 사회적 위험을 예방하기 위한 사회복지의 사회적 연대원칙과도 맞지 않는다. 획일적 급여를 제공한다는 점은 사회보장 본질로 볼 때 그 효과성이 떨어져 보일 수밖에 없다. 기본소득의 '충분성'은 재정위험과 조세저항으로 인해 기존 복지 수혜자들이 수급액 감소를 감당해야 하는 문제점도 발생시킬 수 있다.Esping-Anderson, 1990; Dean, 2010; Lister, 2010; Reed and Lansley, 2016

보편적 접근으로 모두에게 정기적으로 현금을 주는 기본소득은 재정 부담과 조세저항으로 실현 불가능하며 장기적 안목으로 본다면 재정 건전성을 악화한다는 지적이 설득력을 얻는 까닭이다. 김정훈2020 재정정책연구원장은 "배고픈 사람이 빵을 먹게 하는 것은 복지가 해야 하는 일이고 기본소득은 일하지 않고도 살 수 있는 사회를 말하는 것이라 다른 개념"이라며 "국민연금 재정개혁도 제대로 하지 못하고 있는데 기본소득을 논의하는 것은 어렵다"고 밝힌 바 있다. 다시 말해 현금 지급은 복지 개념에 맞지 않고 재정적자만 심해질 것이라는 주장이다. 나아가 기본소득이 지향하는 목표에 도달하지 않고 근로 의욕과 도덕적 해이만 조장하는 결과를 낳을 것이라는 소리도 끊이지 않는다. 이를 반영하듯 코로나19 전 또는 코로나 발생 초기 모든 국민을 대상으로 하는 기본소득에 대해서는 찬성보다 반대 의견이 높게 나타났다. 재정적자와 조세에 대한 반발이 컸기 때문이다.석재은, 2016; 최현수 외, 2018; 엠브레인퍼블릭, 2020

따라서 현 단계에 당면한 사회문제를 해결하기 위해서는 기존 사회보장제도의 확대와 강화가 우선이라는 주장이 대세로 읽힌다. 기본소득은 사회보장정책이 지향하는 방향과 부합하지도, 복지국가를 보완하거나 대안이 되기에도 '위험한 도구'라는 저항적 주장이 주류이다.김병인, 2016; 양재진, 2018 하지만 기본소득에 반대하는 사람들만 있는 것은 아니다. 일각에서는 세계화의 확대, 탈산업화, 기술의 혁명적 발전 등 시대 흐름을 현존하는 사회보험 기반 소득보장제도가 제대로 따라가지 못한다고 목소리를 높인다. 중립적인 입장에서는 찬성과 반대의 논리로 팽팽히 맞서기보다는 핀란드와 네덜란드 등의 정부에서 선행했던 정책실험을 토대로 의미와 한계, 시사점을 두루 분석한 뒤 점증적으로 기본소득과 같은 사회안전망을 도입하는 방향이 바람직하다고 입을 모은다.노정호, 2018

아직은 초기 단계이지만 코로나19가 기본소득을 보편적 담론으로 이끄는 데 기여했다는 점은 명확하다. 사태가 장기화할수록 더욱 그렇다. 관건은 모든 국민에게 골고루 제공될 기본소득의 재원 마련인데 단순히 기존 세금을 늘린다고 생각하면 오산이다. 전례 없는 '복지 모델' 실험이 진행되기 시작했고 특정계층이나 집단이 아닌, 일반 시민 전체를 대상으로 하는 재정을 마련하기 위해 신개념의 로봇세·디지털세·빅데이터세와 함께 증세를 이루자는 데 정치계가 귀를 기울이기 시작했다. 국민 여론도 기본소득 도입 찬성이 62%까지 육박했으며 경기도는 78%가 기본소득과 유사한 재난 기본소득에 동의하는 등 긍정 반응이 잇따랐다.황여진, 2020; LAB2050, 2002; 한국일보, 리얼미터, 2020

한국사회복지협의회2020는 제21회 사회복지의 날을 기념해 '포스트 코로나 시대, 사회안전망의 현재와 미래'를 주제로 한 '정책토론회'를 펼치면서 기본소득 도입에 힘을 실었다. 이들은 코로나19 사태로 취업자가 급감하고 고용보험에 가입되지 않은 불안정 노동자 같은 취약계층이 직격탄을 맞으면서 사회보장 체제의 사각지대가 그대로 드러났다는 데 공감했다. 사회복지 이용시설들이 대면 서비스를 전면 중단하면서 사회보험과 사회복지서비스의 전달체계에 대한 새로운 개편이 절실히 요구됐다.서상목, 2020.

결론적으로 코로나19의 위기에서 기존 복지국가 정책으로는 해결하지 못하는 공백들이 존재한다는 사실에 모두가 뜻을 같이했다. 이에 학계·정치·사회계 다수의 전문가들이 기본소득의 담론을 넘어 정책적 실천으로 적극 도입할 필요성을 지지하고 나섰다. 불평등과 경제발전, 고용 안정화를 넘어 삶의 질을 보장받아야 하는 국민 권리 차원에서도 기본소득은 사회안전망으로 정당성을 확보하고 있다. 다만 여전히 기본소득이 이 시대의 진정한 사회안전망적 대안인가에 대한 물음은 존재한다.최영준, 2020.

미국 자인Jain 가족연구소 센터장인 스테판 누네스2020는 미래지향적 사회안전망 구축을 위해서는 구체적인 정책실험을 통한 실증적 검증과정이 필요한 때라고 '2020 대한민국 기본소득 박람회'에서 역설했다. 정치권의 이슈나 지방정부 차원의 소규모가 아닌 특정 지역을 장기적으로 실험해 대안적 사회안전망으로 실효성이 있는 정책인지를 엄밀히 연구하는 작업이 선행돼야 한다는 것이다. 결국 새로운 사회안전망 정책 방안을 모색하는 데 있어 '사회복지체계의 보완적 대안이냐, 완전히 새로운 기본소득의 도입이냐'라는 흑백논쟁보다는 가장 미래지향적이고 지속 가능한 대안이 무엇인지 고민할 시점이다.

제2장

이재명은 왜
기본소득을 말하는가?

2022년 3월 9일 대한민국에서는 대선이 열린다. 이 대선의 민주당 선두주자는 2021년 4월 현재 이재명 경기도 지사다. 그는 높은 지지율로 차기 대권 주자가 되었다. 그는 여러 정책 중에서 기본소득을 유독 강조한다. 왜 기본소득을 중요한 정책으로 이야기할까. 기본소득을 다루기에 앞서 그는 어떤 인물인지 알아보기로 한다.

이재명은 누구인가

우여곡절 끝에 전국 첫 주민발의로 건립된 성남시의료원은 2020년 정식 개원을 앞두고 코로나19 팬데믹세계적 대유행을 맞았다. 사태가 커지자 의료원은 '코로나19 국가전담병원'으로 지정됐고 전국에서 몰려든 환자들을 맡는 첨병 역할을 담당했다. 이렇게 7월말까지 성남시의료원에서 치료한 확진자가 358명에 달했다.

공공의료기관인 성남시의료원은 전국적인 주목을 받았다. 은수미 성남시장은 오마이뉴스와 인터뷰에서 "코로나19 확산 속에 성남시의료원은 진정한 공공의료 책임기관으로서 참모습을 보여주고 있다고 생각한다"며 "특히 성남시의료원은 일반진료 및 수술 등이 충분히 가능함에도 현재 전염병 관리 전담병원으로 확진자 치료에 최선을 다하고 시민의 건강을 지켜주는 의료기관으로 자리매김할 것"이라고 의미를 부여했다.

코로나19 시대는 돈이 안 된다는 이유로 한편에서 홀대(?)받던 공공의료기관의 중요성을 다시 한 번 일깨웠다. 병원은 건립 목적부터 공공성을 담보한다. "대학병원 수준의 최신 의료장비와 시설을 갖추고 있으며 민간 의료기관보다 낮은 수준의 비급여 수가를 책정해 저렴한 의료비용으로 이용할 수 있다"는 시 관계자의 설명에 모든 것이 녹아있다.

공교롭게 성남시의료원은 차기 유력 대선주자로 떠오른 이재명 경기도지사를 지금 이 자리로 이끈 발원이다. 26세이던 1989년 '민주사회를 위한 변호사모임'민변에서 활동한 그는 1990년 성남에 변호사 사무실을 개업한 뒤 인권변호사이자 시민운동가로 16년간 입지를 다졌다. 그런 법조인 이재명으로하여금 처음 정치해야겠다고 마음먹게 한 것이 바로 성남시의료원이었다.

자전적 에세이집으로 이름 붙인 '이재명은 합니다'에 따르면 그는 추진했던 성남시립의료원 설립 운동이 2004년 성남시의회에서 당시 다수당이던 한나라당미래통합당의 전신 시의원들에 의해 묵살되던 때를 잊지 못한다.

2004년 이 지사는 성남시립병원설립추진위원회 공동대표를 맡았는데 당시 성남 구시가지의 대형병원들이 문을 닫으며 의료 공백이 심각했던 걸 공공의료로 해결하고 싶었다. 시민 2만명의 뜻을 모아 주민발의 시립의료원 설립 조례를 만들었지만 시의회에서

47초 만에 날치기 폐기를 당했다. 격하게 항의하던 그는 공무집행 방해 혐의로 수배돼 숨어있던 교회 지하에서 "이대로 주저앉으면 세상은 변하지 않는다. 우리가 세상을 바꾸는 방법밖에 없다"며 "시장이 돼 직접 시립의료원을 만들겠다."라고 결심했다.

이 지사는 오뚝이처럼 다시 일어섰다. 하지만 2006년 5월 지방 선거에 열린우리당더불어민주당 전신 성남시장 후보로 출마해 낙선 했다. 2008년 국회의원성남 분당갑 선거에서도 고배를 마셨다. 이지 사는 삼수 끝에 2010년 성남시장 선거에서 51.16%의 지지로 당선 됐고 2014년 재선에 성공했다.

이재명 지사. Photo by 경기도청방송국GTV

그는 8년간의 성남시장 재직 동안 여러 업적을 남기며 일 잘하 고 할 말은 하는 정치인으로 전국적인 지명도를 얻었다. 대표적인 것이 2010년 7월 12일 판교 신도시 사업비 5,200여억원에 대한 모라토리엄지급유예 선언이었다. 전임 시장이 불러온 재정 위기를 놓고 이 지사는 "판교신도시 조성사업비 정산이 완료되면 한국토지주택공사LH와 국토해양부 등에 5200억원을 내야 하지만 현재 성남시 재정으로는 이를 단기간 또는 한꺼번에 갚을 능력이 안 돼 지불유예를 선언한다"고 밝혔다. 이후 이 지사는 행사성이나 낭비성 예산, 긴급하지 않은 공사 등은 모두 시일을 조정하거나 취소하면서 취임 첫 해에만 1100억원의 돈을 아끼는 등 3년 6개월 동안 예산 삭감과 초긴축 재정의 결단력을 발휘했다. 그 결과 4572억원을 현금으로 청산하면서도 복지예산은 약 2000억원을 더 늘렸다.

이를 발판삼아 이재명표 3대 무상복지 정책인 '무상 공공 산후조리원·무상교복·청년배당' 등 기존 정치인에게선 나올 수 없던 파격 정책을 실시해 그의 이름은 서민들의 뇌리에 깊이 남았다.

지켜보는 국민은 그의 남다른 추진력과 실천력을 높이 사기 시작했다. 정치권에서는 안정적인 재정 운영이 이 지사 행정력의 원천이라는 평가가 나돌았다. 여기에는 그만의 활발한 사회관계망서비스SNS 소통도 한몫했다. 내친 김에 이 지사는 2018년 지방선거에서 더불어민주당의 경기도지사 후보로 나서 56.40%의 높은 지지율로 재선에 도전하던 잠룡 남경필 전 지사를 눌렀다. 돌아보면 이 지사는 공공을 위해 스스로가 정치인이 돼야 했고 한발 더 나아가 공공을 위해 한국형 기본소득 도입을 누구보다 강하게 주장하고 있다. '공공'의 사전적 의미는 '국가나 사회의 구성원에게 두루 관계되는 것'이다. 그가 왜 이토록 공공에 집착하는지는 이렇게 서민적인 정치인이 또 있을까 여겨질 만큼 스스로가 걸어온 삶의 질곡에 고스란히 묻어있다. 아무것도 없이 살아봤기 때문에 없는 사람들을 위해 뜻을 펼치겠다는 소신이 그것이다.

이 지사에게는 '무수저, 소년공, 개천용, 잡초, 싸움닭, 사이다' 등등의 무수한 별명들이 따라다닌다. 이렇게 다양한 수식어가 붙는 정치인은 거의 없다. 공식 학력 초등학교 졸업에다 1987년 대통령 직선제 이후 국회나 중앙정부 등에서의 경험이 전혀 없이 유력 대선주자 반열에 오른 경우도 없다. 둘을 동시에 가진 정치인이 이 지사다.

그는 찢어지게 가난한 화전민의 아들로 태어나 어린 시절 두 번의 자살 기도를 넘고 죽기 살기로 공부해서 마침내 인생 역전을 이룬 사람이다. 그의 자서전 '굽은 팔'에 따르면 이 지사는 1964년 경상북도 안동군 예안면의 청량산 깊숙이 자리한 산촌에서 5남2녀 중 다섯째로 태어났다. 부모님은 산에 불을 지펴 들풀과 잡목을 태운 뒤 그 곳에다 농사를 짓는 화전민이었다. 우리나라 역사에서 한국전쟁 이후 식량난으로 다시 증가한 화전민은 하루하루 입에 풀칠하기 버거울 만큼 지독히도 가난한 최하층 사람들의 대명사나 다름없었다. 이 지사 스스로의 표현대로 무수저로 태어난, 즉 수저 자체가 없었다.

흙으로 된 수저흙수저조차 사치일 수밖에 없었던 것이 화전을 일궈 일곱이나 되는 자식들을 먹여 살렸기에 가족들은 늘 배가 고팠다. 고달팠던 산촌 생활이 끝난 건 이 지사가 초등학교를 졸업하던 1976년 만 12세 때다. 끝이 보이지 않는 가난 탓에 3년 전 도시로 떠난 아버지를 찾아 어머니가 자식들을 데리고 경기도 성남시 상대원동에 터를 잡으면서부터다. 이 지사는 이때를 "물을 길으러 가지 않아도 되는 수돗물도, 나무를 하러 가지 않아도 되는 연탄 아궁이도 다 좋았다. 공중화장실도 신기했다"고 회상했다.

보금자리라고 해봐야 고지대의 방 한 칸짜리 셋방이었지만 이 지사에게는 제2의 고향이 된 성남이 기회의 땅이었다. 다만 이곳에는 새로운 위험이 도사리고 있었다. 상대원 시장에서 쓰레기 잡역부로 일하는 아버지와 시장 유료화장실 수금원이었던 어머니의 벌이만으로 생활이 제대로 될 리 없었던 가족들은 너나 할 것 없이 생계전선에 뛰어들어야 했다. 나이가 너무 어린 이 지사도 동네 형의 이름을 빌려 인근 공장에 들어가 종일 일을 했을 정도였다.

70~80년대 공장에는 고된 노동보다 견디기 힘든 폭력이 만연해 있었다. 이 지사는 그의 저서에서 배불리 먹는 것보다 더 간절한 소원으로 남한테 쥐어터지지 않는 걸 첫째로 꼽을 만큼 심한 폭력에 노출된 유년기를 보냈다.

이 지사는 '이재명은 합니다'를 통해 10대 공장 노동자 시절 브라보콘을 걸고 동료 직원과 쉬는 시간에 주먹을 치고받아야만 했다고 술회했다. 주먹에 맞아 쓰러져 코피를 흘리는 동료를 보면서 속으로 피눈물을 흘려야 했다고 한다. 그는 뉴스1과 인터뷰에서 "그때는 공장노동자들이 스포츠나 놀이가 없었다. 공장은 폭력문화였다. 고참이 신참 때리는 건 당연한 일이고 신참을 길들인다고 서로 때리게 만들었다. 싸워서 지면 당시 한 개 100원짜리 브라보콘 세 개를 사야 했다. 고참 것 하나, 내 것 하나, 상대방 것 하나다. 내 한 달 용돈이 50원이었다. 돈이 없었다. 죽기 살기로 이겨야 했다"고 털어놓았다.

공장은 안전하지 않은 곳이기도 했다. 공장에서 일하면서 입은 산업재해사고의 흔적은 손가락고무 공장과 왼쪽 굽은 팔대양실업에 고스란히 남아 있다. 이 지사는 스프레이 뿌리는 작업을 하다가 후각 기능 일부를 잃었는가 하면 공장에서 시다보조로 일할 때는 프레스에 손목 뼈 일부가 잘려나갔는데 성장하며 안쪽 뼈가 자라지 않아 굽어졌다. 평생 장애를 안게 된 것이다.

아이러니하게 최악의 공장 환경은 이 지사의 인생을 송두리째 바꿀 커다란 동기부여가 된다. 공장 대리가 그 자그마한 권력을 가지고도 위세를 부리는 게 어린 이재명의 눈에는 그렇게 대단해 보였던지 고졸 출신의 공장 대리처럼 공장 간부가 되겠다고 마음먹고는 1978년부터 검정고시 준비를 시작했다. 이 지사는 "그야말로 야만의 시간이었다"며 "그런 공장에서 탈출하려면 공부를 해야 했다."라고 말했다.

그러나 이마저도 녹록하지 않았다. 자서전에 의하면 아버지는 "공부해서 뭐 하느냐"며 핀잔을 주고 책을 못 보게 새벽 2~3시까지 켜져 있는 전등불을 아주 어두운 것으로 바꿔놓기도 했다. 사춘기 때 겪게된 다친 팔의 고통과 아버지의 냉대에 어린 이재명은 두 번이나 죽을 생각을 했다. 그런데 죽으라는 법은 없었나. 이 지사는 자살하려고 동네 약국을 돌며 모은 수면제를 한입에 털어 넣었는데 알고 보니 소화제였다. 그 시절에는 수면제 자살이 자주 일어나 낌새를 챈 약사가 속여 판 덕에 목숨을 부지했다. 이 일은 이재명의 생각을 바꾸게 된다. 그는 "자살에 실패하고 이런 생각을 했다. 죽을힘으로 살자. 진짜 죽을힘을 다해 살자."라고 다짐했다.

이 지사는 "결국 두 번의 검정고시를 통과하며 장학금을 받고 대학에 들어가 인생 역전을 처음 이뤘다."라고 지난날을 회상했다. 그는 1년 만에 고입과 대입 검정고시에 잇따라 합격했다. 1982년 중앙대 법대에 매달 생활비를 받는 장학생으로 입학했고 1986년 사법시험에 붙었다. 이제 "판·검사가 돼 정말 잘 먹고 잘 살아야겠다"고 여겼다는 그는 사법연수원1987~88년에서 진보적 공부모임에 적극 참가하면서 생각이 조금씩 바뀌었다. 또 당시 인권변호사 노무현이 특강에서 "변호사는 굶지는 않는다."라고 한 말에 용기를 얻었다. 그렇게 이 지사는 사무실 임대료 절반을 또 다른 인권변호사 조영래에게 빌린 뒤 인권변호사의 길로 접어들게 됐다.

세월이 흘러 숨 가쁘게 달려온 이 지사는 2020년 추진했던 기본소득 등 경기도의 사업에 탄력을 붙였고 강력한 대권 후보로서도 입지를 다졌다. 흡사 이재명은 코로나 정국에서 화려하게 빛나는 성남시의료원과 같다. 목숨 걸고 맞서 얻어낸 공공의료기관이 때마침 빛을 발한 것처럼 이재명의 인생도 질곡을 건너 어려운 시기에 더욱 번쩍이고 있다. 대선 국면에서는 그가 들고 나온 기본소득이 최대화두로 부상할 전망이다. 그가 주장하는 기본소득이 국민적 지지를 얻는다면 "세상에 하고 싶은 일이 권한 밖이라고 포기할 수는 없다"던 이재명은 마침내 모든 뜻을 마음껏 펼칠 권력의 최정점에 설 수 있게 된다.

이재명이 말하는 기본소득의 개념

이재명의 기본소득은 청년 기본소득에 뿌리를 둔다고 볼 수 있다. 기본소득이란 모든 사회구성원의 적절한 삶을 보장하기 위해 국가가 모든 구성원에게 개별적으로 아무런 조건 없이 정기적으로 지급하는 것이다.기본소득한국네트워크, 2020 청년 기본소득의 경우 기본소득 원칙인 보편성·무조건성·지속성·충분성·현금성·개별성을 기준으로 행복추구, 삶의 질 향상, 건강 수준 향상 등 청년의 사회적 기본권 보장을 지원하는 경기도형 기본소득으로 정의된다.

2017년 문재인 대통령은 취임 후 첫 국회 시정연설에서 청년을 33차례, 일자리를 44차례 언급했다. 문 대통령은 "특단의 대책이 시급히 마련되지 않으면 청년실업은 국가재난 수준으로 확대될 것이고 우리는 한 세대 청년들의 인생을 잃어버리게 될 것"이라며 "일자리를 늘려 성장을 이뤄야 한다"고 호소했다. 이는 지금의 정부가 청년 문제해결을 국정과제 중심에 두겠다는 강력한 의지의 표명이었다.이택준, 2017

그러나 청년 문제를 일자리로 해결할 수 있을지는 여전히 의문이다. 우리나라에서 부모보다 높은 학력 수준을 가졌음에도 부모보다 가난한 세대가 될 것이라는 비관적 전망을 담아 통상 '88만원 세대', 'N포 세대' 등의 표현들이 나타나게 됐다. 청년 문제는 일자리만으로 해결하기 어려워 보인다. 부모보다 높은 학력 수준을 가졌어도 경제학자들은 이들이 부모보다 가난한 세대가 될 것이라고 내다본다.이원재, 2018 청년의 문제는 갑자기 등장한 것이 아니다. 노동시장 진입 실패, 불안정 고용, 비인간적 노동 조건, 비정규직, 저임금, 불안정한 주거 조건, 높은 등록금 등이 청년들에게 상대적인 박탈감을 안긴다.

키워드는 '청년실업률'과 '청년 빈곤'이다. 통계청의 '경제활동인구조사'에 의하면 청년의 실업률15~29세 기준이 2018년 9.7%이었던 것이 코로나19로 인해 2020년 6월 기준 10.7%로 대폭 증가했다. 전체 실업 중 유독 청년45.1만명의 고용 사정이 나쁜 이유는 그들이 주로 취업하는 제조업과 서비스업의 사정이 코로나로 부진해졌기 때문으로 추정된다.통계청, 2020 역설적 노동시장과 사회구조 안에서는 일자리 확보에 따른 소득 안정을 기대하기 어렵다 보니 청년은 겉으로 드러난 빈곤율보다 못한 생활에 직면하게 된다.

  이재명 지사는 고질화된 청년 문제를 근본적으로 해결하고자 핵심 청년정책인 청년 기본소득청년배당을 꺼내들었다. 2019년 4월부터 이를 시행해 도내 3년 이상 거주한 만 24세 청년에게 소득 등 자격 조건에 관계없이 누구나 분기별로 25만원씩 총 100만원을 지역화폐로 받게 했다. 이 지사는 "청년기본소득은 취약계층이 되어버린 청년들에게 '함께 가자'고 보내는 우리 사회의 신호"라며 "청년들은 자신이 받은 기본소득을 대형유통점이나 유흥업소가 아닌 골목상권에 쓰면서 영세 자영업자들에게도 '당신들도 함께 가자'는 신호를 보낼 것이다. 청년기본소득이 이 시대의 작은 '희망 바이러스'가 되면 좋겠다"고 의미를 부여했다.

  청년 기본소득의 개념을 확장해 이를 전 국민에게 적용한다면 다가올 4차 산업혁명 시대에 대비한 경제성장 방안이 된다는 게 이 지사의 구상이다.

  이 지사는 성남시장 시절이던 2017년 일찌감치 기본소득을 주요 이슈로 들고 나왔다. 그해 1월 한국프레스센터에서 열린 '한국신문방송편집인협회 간담회'를 통해 법인세와 소득세 증세 등을 통해 얻은 재원 50조원으로 연 100만원월 8만3000원가량의 기본소득을 지급해야 한다고 주장했다. 지급 대상은 청년과 노인, 농어민, 장애인 등이다. 장애인에게는 중복 지급이 가능하게 하되 기본소득은 현금 형식이 아닌 골목 상권에서만 쓸 수 있는 지역 화폐나 쿠폰 형식으로 지급하겠다고 했다.

이 지사는 "만 30세가 되기 전까지 모든 사람에게 육아 배당, 아동 배당, 청년 배당 등의 형태로 연간 100만원씩, 분기별로 25만원씩 지급하는 배당제를 도입해야 한다"며 "65세 이상 노인과 30~60세 연령대의 농어민, 장애인에게도 연간 100만원의 기본소득을 지급해야 한다"고 언급했다. 단 장애인은 '노령 연금', '청년 배당' 등과 중복 수혜를 가능하도록 해서 장애 어린이에게는 연간 200만원 정도 받을 수 있게 하겠다고 밝혔다.

이 지사는 "기본소득 대상자 2800만명에게 연간 100만원씩 주면 28조원이 된다. 이 돈을 현금으로 주면 저축할 수 있기 때문에 지역 화폐, 쿠폰 형태로 반드시 소비하게 할 것"이라고 제시했다.

엄밀히 말해 이 지사의 기본소득은 본래 취지인 '보편성·무조건성·현금성·충분성' 등에 부합하지 않는다. 특정 대상이 있고 자격 조건이 붙는다. 현금도 아니며 생활하기에 충분하지도 않다. 그러나 코로나19 사태를 겪으면서 양상은 조금 달라졌다.

이 지사는 2020년 6월 자신의 SNS인 페이스북에 "신종 코로나 바이러스 감염증코로나19 경제위기 극복을 위한 경제정책으로서 역사상 처음 공급이 아닌 수요를 보강한 이번 재난기본소득의 경제효과를 우리는 눈으로 확인했다"고 썼다.

그러면서 "효과가 2~3개월 지속되는 전 국민 20~30만원의 소멸성지역화폐 지원을 연 1~2회 정기적으로 실시하면 어떤 기존경제정책보다 경제효과가 클 것이 확실하다. 기술혁명으로 공급은 충분하나 일자리와 소비부족이 고착화되는 4차 산업혁명 시대에 맞춤형인 저비용 고효율의 신경제정책 탄생을 앞두고 있다"고 덧붙였다.

특정 지급 대상을 한정하지 않고 전 국민에게 주어지는 기본소득의 보편성과 무조건성이 충족되고 있음을 알 수 있다. 다만 한국만이 가지는 사회·경제 특성상 여전히 현금성과 충분성은 담보되지 않았다. 이 지사는 한국 현실에 맞춰 차근차근 장기적으로 단계를 밟아 종국에는 현금성과 충분성도 해결한 완전한 보편적 기본소득을 꿈꾼다.

이재명은 왜 기본소득이 필요하다고 말하는가

기본소득 도입은 다가올 미래를 예측하고 대비하는 차원이다. 이 지사도 다르지 않다. 4차 산업혁명 시대에 사람 일자리는 점점 줄어들고 이에 따른 소비부족으로 한국 경제가 큰 곤경에 처할 수 있어서다.

또 다른 이유도 있다. 보편적으로 모두에게 동등하게 지급되는 기본소득은 복지 사각지대에 놓인 사람들을 구제하고 전 국민이 최소한의 인간다운 삶을 누리도록 기초를 제공한다는 점에서 동등하고 공평한 사회적 기회로 받아들여진다.

무엇보다 경제를 원활하게 돌리기 위해서는 기본소득 같은 파격적인 정책이 선제적으로 도입돼야 한다고 이 지사는 목소리를 높인다. 그는 성남시장으로 일하던 2017년 "성남에서 지역 화폐를 대형 유통점에서는 못 쓰게 하고 해당 지역 골목 상권 내에서만 쓰게 했다. 이렇게 약 28조원이 동네 영세 자영업자에게 돌아간다. 560만 자영업자 매출이 늘어나는 직접 효과가 클 것"이라며 "이렇게 국민의 가처분 소득을 늘려주면 이게 국제통화기금IMF이나 세계은행이 말하는 '포용적 성장론'을 실제로 시행하는 결과가 된다. 담론은 '한국형 뉴딜 성장 정책', '뉴딜 성장' 이렇게 이름 붙이기로 했다."라고 실례를 곁들여 설명했다.

이 지사는 2017년 11월 제6차 산업융합전략컨퍼런스에 참석해 '4차산업혁명과 기본소득'을 주제로 기조강연을 펼친 자리에서 기본소득이야말로 지속적인 경제성장과 발전의 씨앗이 될 임을 분명히 했다. 그는 "과거에는 인간의 노동력이 생산의 결정적 요소였지만 기술이 발달하면서 기술과 자본의 몫은 커지고 노동의 몫은 줄어들고 있다. 노동할 기회를 잃게 되는 것"이라며 "기술과 생산력이 특정소수에게 집중되다 보니까 이윤을 독점하고 양극화, 불평등, 격차가 발생하게 된다."라고 지적했다.

이어 "지금 겪고 있는 소비침체, 유효수요 부족, 그것으로 인한 경기침체가 심화되면 불경기 수준을 넘어 대공황을 다시 겪게 될 것이다. 구성원들이 공정한 기회를 누릴 수 있도록 정부가 일정 역할을 지금보다 더 해나가야 한다. 그게 바로 기본소득이라고 생각한다. 복지정책의 새로운 형태 아니냐고 생각하지만 오히려 경제정책으로 봐야한다고 생각한다. 기본소득은 자본주의 체제, 경제가 지속적으로 성장 발전하기 위해 꼭 필요한 일종의 씨드씨앗다. 최소한의 기초라고 본다"고 주장했다.

이 지사는 "자본주의 시스템은 몸과 같아서 자본의 기회가 어느 한 쪽에 지나치게 쏠리면 말단은 괴사한다. 극소수의 엄청난 이익이 방치되지 않도록 이윤 일부를 회수하고 우리 사회 구성원에게 일정하게 나눠줘야 경제흐름이 정상적으로 유지된다. 기계와 인공지능이 못할 것을 인간이 하게 될 텐데 그것이 창의의 영역이다. 지금은 생계를 유지할 수 없어서 문화예술을 직업으로 하지 못하는데 모든 구성원에게 균등하게 일정한 최소한의 소득을 지급하면 직업 선택의 여지가 많아진다"고 진단했다.

코로나19 사태 이후에는 "기본소득은 수요부족에 따른 수요공급 불균형으로 생기는 구조적 경제침체를 정부의 재정조정기능으로 수요역량을 보완해 경제선순환과 지속적 경제성장을 담보하는 경제정책"이라며 이 지사는 필요성을 재차 강조했다.

2020년에는 마침 본보기도 등장했다. 10월 충북의 한 초등학교 판동초가 전교생을 대상으로 '매점 화폐'를 시행하고 있다는 소식이었다. 이 지사는 이를 놓칠세라 페이스북을 통해 공유하면서 "자신의 어린 시절이 떠올라 울컥했다"며 "비록 적은 금액이지만 가정 형편으로 어려운 학생들에게는 큰 힘이 될 것이다. 판동초 사례는 시사하는 바가 있다. 기본소득이 복지 사각지대 해소에 유용하다는 점, 모든 사람에게 고른 기회를 제공하여 공정한 사회를 만드는데 기여할 것이라는 점"이라고 꼽았다.

앞서 판동초는 전교생에게 일종의 용돈처럼 교내 매점 화폐를 지급하는 기본소득제를 시행한다고 밝혔다. 한 기부자가 사회적 협동조합인 이 학교 매점에 100만원을 전달하면서 기본소득제도 시행이 가능했던 것으로 전해졌다.

이 지사는 "경제 정책으로서도 매우 유용하다는 점은 재난지원금 지급으로도 이미 확인됐다. 일각에서는 경기도에서 진행하는 기본소득을 두고 '무리다', '때 이른 실험이다', '퍼주기다'라고 비판한다. 하지만 판동초 사례에서 보듯 충분히 의미 있는 정책이고 꼭 해야 할 일이다. 경기도는 이미 청년 기본소득을 시행하고 있다. 여기에 더해 농민 기본소득, 농촌 기본소득도 추진 중"이라고 덧붙였다.

이재명은 왜 기본소득이 가능하다고 보는가

기본소득이 가능하려면 두 가지가 해결돼야 한다. 막대한 재원을 어떻게 마련할 것인가와 대다수 국민들의 동의다. 재원에 대한 뚜렷한 해법을 제시해야 여론을 끌어올 수 있어 두 가지는 서로 얽혀있는 관계다.

결론부터 말하면 이재명은 기본소득을 지금 당장 해도 충분히 가능하다는 입장이다. 여론전은 이미 시작됐다. 차기 유력 대선주자로서 막강한 영향력을 지닌 이 지사는 SNS를 통해 활발히 국민들과 소통한다. 기본소득을 논제로도 이미 여러 차례 자신의 입장을 피력하며 국민들을 설득하고 있다.

다만 이재명식 기본소득은 한국의 특수 상황에 맞게 단계별로 서서히 범위를 넓혀 국민적 공감대를 형성한 뒤 최종 단계에서 증세 및 4차산업형의 새로운 목적세를 통한 보편적 기본소득에 최대한 가까이 접근하자는 주의로 읽힌다.

'첫 술에 배부를 수 없다'고 천천히 단계를 밟아가자고 이 지사는 제안한다. 처음에는 조금 부족하더라도 일단 시작을 하고 경제효과를 체감하면서 금액을 늘려가는 것이 이재명식 기본소득의 특징으로 분석된다.

이 지사는 2020년 6월초 자신의 페이스북에 "기본소득은 코로나 이후 4차 산업혁명 시대의 피할 수 없는 정책으로, 공급수요의 균형 파괴로 발생하는 구조적 불황을 국가재정에 의한 수요 확대로 이겨내는 경제정책인데 복지정책이라는 착각 속에서 재원 부족, 세 부담증가증세, 기존복지 폐지, 노동의욕 저하, 국민반발 등을 이유로 반대하고 있다"고 전제하며 "단기목표 연 50만원, 중기목표 연 100만원, 장기목표 연 200~600만원 등 장단기별 목표를 두고 실시하면 기본소득은 어려울 것이 없다"고 전했다.

단기목표 연 50만원 지급의 경우 첫해 연 20만원으로 시작해 매년 증액해 수년 내 연 50만원까지 만들면 연간 재정부담은 10~25조원에 불과하고 재원은 일반회계예산 조정으로 만들 수 있다는 계산이다.

연 50만원은 월 약 4만2000원에 불과한 아주 적은 금액이다. 4만2000원으로는 최소한의 생활이 보장될 리 만무하다. 기본소득의 원칙 중 하나인 충분성은 아예 고려되지 않은 액수다. 그럼에도 이 지사가 서두르는 것은 국민들의 직접 체감만큼 좋은 방책은 없음을 알고 있어서다. 다시 말해 여론을 '우리 편'으로 만들기 위함이다.

이 지사는 일단 단기목표로 첫 발을 뗀 뒤 중기목표 연 100만원의 소액 기본소득으로 경제효과가 증명되면 국민이 동의할 테고 수년간 순차적으로 연간 50조원이 넘는 조세감면 축소로 25조원을 마련해 100만원까지 증액하면 된다고 전망한다.

궁극적으로는 연 600만원월 50만원의 기본소득을 실현하겠다는 것이 이 지사의 청사진이다. 그는 "장기목표 연 200만원~600만원 지급은 탄소세환경오염으로 얻는 이익에 과세, 데이터세국민이 생산한 데이터로 만든 이익에 과세, 국토보유세부동산 불로소득에 과세, 로봇세일자리를 잠식하는 인공지능로봇에 과세, 일반 직간접세 증세 등 기본소득 목적세를 만들어 전액 기본소득 재원으로 쓴다면 국민이 반대할 리 없다"고 자신했다.

이재명은 어떻게 기본소득 재원을 마련할 것인가

이 지사는 재원 마련 방안을 다양하게 구상하고 있다. 일단 밑천은 일반회계예산 조정으로 마련한다. 약 25조원 수준이다. 이렇게 첫 발을 딛고 조세감면 축소 등으로 25조원을 추가한다.

그 다음 탄소세·데이터세·로봇세 등이 더해신다. 이른바 4차산업이 파생시킬 신개념의 세금들이다. 예를 들어, 로봇의 노동으로 생산하는 경제적 가치에 부과하는 세금을 일컫는 로봇세는 유럽 등에서 활발히 논의 중이다.

이렇게 모은 종잣돈으로 기본소득을 한국 사회에 뿌리내린 뒤 자연스럽게 증세 카드를 꺼내드는 수순을 밟을 것으로 보인다. 앞서 이 지사는 기본소득 재원 마련 방안으로 법인세와 초고소득자 증세를 든 바 있다.

그는 2017년 1월 "성남시 운영 경험으로 연 예산의 7~8% 정도는 다른 용도로 써도 됐는데 정부 재정 400조 가운데 7~8%면 약 30조원을 마련할 수 있다. 여기에 500억원 이상 연간 이익을 내는 법인 440개가 전체 기업의 0.07%에 해당한다. 이들 기업에 8% 증세를 하면 평균 15조원의 세수가 늘어난다. 또 연 15억원 이상 버는 초고소득자에게 증세하면 임기 동안 2조4000억원이 나오고 실효세율을 늘리면 연간 4~5조원이 나온다. 이 정도면 50조원이 된다"고 구상했다.

국토보유세도 빼놓을 수 없다. 이 지사는 "기본소득제의 재원은 부동산 불로소득에서 재원을 마련하는 게 제일 좋다"며 "조세저항이 있을 수밖에 없는데 그걸 최소화할 수 있는 방법은 국토보유세를 전액 한 푼도 빼지 않고 국민에게 되돌려주기로 하고 목적세로 특별회계를 만들면 된다"고 분석했다. 다만 국토보유세는 현행 종합부동산세와 재산세에다 새로운 부동산 관련 세금을 신설하게 되는 것이어서 공론화 단계에서 논란이 예상된다.

이 지사의 의지는 확고하다. 코로나 시국이던 2020년 들어 이 지사는 여야 지도부와 도내 의원들과의 정책협의회에서 기본소득 재원확보를 위한 '기본소득토지세'를 도입을 적극 모색했다.

기본소득토지세는 토지소유자에게 적정 수준의 보유세를 징수해 소득불평등을 해소하고 불로소득 공화국이라는 오명을 탈피하면서 전 국민95% 이상에게 기본소득으로 지급하면 조세저항도 최소화할 수 있다는 생각에서 나왔다. 이를 위해 단기적으로 지방세법과 지방세기본법을 개정해 기본소득토지세 세목을 신설해야 한다고 방향을 제시했다.

이 지사는 "기본소득은 현재 재원에서 복지대체나 증세 없이 가능한 수준에서 시작해 연차적으로 추가 재원을 마련해 가며 증액하면 된다. 우선 연 20만원에서 시작해 횟수를 늘려 단기목표로 연 50만원을 지급한 후 경제효과를 확인하고 국민의 동의를 거쳐 점차 늘려가면 된다"며 "정치는 완벽하고 완결된 제도를 연구하는 '강단'이 아니라 국민과 나라를 위한 실현가능하고 효율적인 정책을 만들어 집행하는 '현장'이다. 경제학 교과서를 다시 쓰게 될 새 경제정책이 기본소득"이라고 확신했다.

기본소득 도입 여부를 놓고 기획재정부기재부 차원에서 사실상의 반대 입장이 나왔을 때는 "단순히 정해진 예산 총량에 맞춰 시대 변화나 국가 비전, 국민 삶 개선은 뒷전인 채 전형적인 탁상공론식 재정·경제정책만 고수하겠다는 뜻으로밖에 해석되지 않는다"고 꼬집으며 "정책을 대하는 기재부의 눈높이가 참 아쉽다. 기본소득은 재난기본소득에서 증명됐듯 현재 복지체계를 흔드는 것이 아니라 보완하고 충분히 감당할 수 있는 수준 혹은 재원 마련이 가능한 예산 범위 내 지급하자는 것"이라고 충고했다.

이렇게 이재명이 바라보는 기본소득은 피할 수 없는 시대적 요구다. 결국 시간의 문제일 뿐 그는 준비를 마치고 적기를 재고 있다.

이 지사는 "시대상황은 바뀌는데 대책 없이 정책이 필요한 단계에 가서 허겁지겁하면 너무 늦다"며 "지금 논의라도 하고 공감대라도 확대하고 준비하자는 차원이다. 기본소득은 이미 세계적인 흐름으로 세계경제는 한국의 기본소득 실험과 논의에 주목하고 있다. 일자리 감소와 노동력 가치 상실, 그로 인한 소비절벽과 경제 막힘을 해소하기 위한 새로운 경제 전략이자 사람답게 살기 위한 최소한의 기본권이기 때문"이라고 주문했다.

제3장

앤드류 양은
왜 기본소득을 말하는가?

기본소득하면 한국에서는 이재명, 미국에서는 앤드류 양을 떠올린다. 앤드류 양은 한국인들에게는 잘 알려지지 않은 인물이다. 그는 지난 미국 대선 민주당 경선 당시 '기본소득'을 들고 나와 반향을 불러 일으켰다. 물론 초반에는 비웃음을 사기도 했는데 코로나19가 터지고 기본소득과 유사한 것을 미국 전 국민이 받게 되자 앤드류 양의 정치인으로서의 주가는 크게 뛰었다. 앤드류 양은 어떤 인물이고 그가 말하는 기본소득은 무엇인지 살펴본다.

트럼프 당선 때문에 정치 시작

도널드 트럼프의 재선이 '일장춘몽한바탕의 봄 꿈'으로 막을 내린 2020년 11월, 조 바이든의 승리 뒤에서 조용히 미소 짓는 이가 있었다. 4년 전 트럼프의 승리제45대 미국 대통령 당선를 지켜보면서 차라리 내가 나서 정치를 해야겠다고 마음먹게 됐다는 아시아계 미국인 앤드류 양Andrew Yang이다.

전 세계가 주목했던 '2020 미국 대선'에 앞서 민주당 대통령 후보를 정하는 경선 당시, 신선한 바람을 일으키며 바이든과 경쟁한 앤드류 양이 잘 나가던 사업을 제쳐두고 정치에 투신하게 만든 건 아이러니하게 반대쪽공화당의 트럼프였다. 2016년 당시 트럼프 당선은 앤드류 양의 인생을 송두리째 바꿔놓을 만큼 충격적이었다.

지인들에게 "트럼프가 승리하지 않았다면 나는 대선에 출마하지 않았을 것"이라고 말하고 다녔던 그는 과감하게 기업인에서 정치인으로 변신을 꾀했다.

그는 실천하는 사람인지라 즉각적으로 행동에 옮겼다. 시간을 거슬러 올라가 2017년 11월 6일 앤드류 양이 연방선거관리위원회 **FEC**에 미국 대통령선거 출마를 신청할 때만 해도 그의 존재를 인지하는 미국인은 드물었다. '갑툭튀갑자기 툭 튀어나온 자'였지만 정치 신인 앤드류 양이 몰아친 돌풍은 의외로 거셌다. 불과 3년 뒤 제46대 미국 대통령에 오른 바이든을 잇는 차기 대선의 유력한 민주당 후보 중 한 명으로 지목될 만큼 급부상한 기적의 배경에는 그가 줄기차게 주장했던 '기본소득'이 결정적인 역할을 했다.

이제 미국사회에서 앤드류 양이라는 이름은 '기본소득 전도사'로 통한다. 전국적 관심이 집중된 바이든 등과의 경선 과정을 거치면서 그는 기본소득이 불러올 사회의 긍정적 변화를 설명하고 대중들을 집요하게 설득해나갔다. 기본소득은 그의 정치적 입지를 다지는 유용한 도구이자 그가 꿈꾸는 미래 세상의 시스템이기도 하다. 그로 말미암아 기본소득에 귀를 기울이기 시작하고 같은 꿈을 꾸게 되는 사람들이 전 세계적으로 폭증하고 있다.

앤드류 양의 거침없고 명확한 소신은 정치적 인기에 병합할 목적으로 하루아침에 만들어진 것이 아니다. 사업가이던 그가 어머니 소유의 작은 아파트에서 소규모 직원을 두고 정치에 첫 발걸음을 내디던 순간부터 그랬다. 그의 정치철학은 '인간중심 자본주의'라는 구상에 바탕을 두고 있다. 사람이 중심이 되는 자본주의 사회이기에 모두에게 보편적으로 지급되는 기본소득이라는 발상이 가능했다.

돌아보면 그가 추구하는 '인간중심'은 곧 그가 겪어온 인생을 반영한 결과다. 미국사회에서 앤드류 양이 가진 인종적 특수성과 자라온 환경은 그로하여금 사람이 최우선되는 이상향적 자본주의 사회를 꿈꾸도록 만들었다.

앤드류 양은 40대의 젊은 기수다. 1975년 1월 13일 뉴욕주 동부의 스키넥터디라는 도시에서 태어난 그는 1960년대 미국으로 건너온 대만 이민자 출신 부모의 슬하에서 자랐다.

UC 버클리 대학원을 다닐 때 만나 결혼한 뒤 둘째아들 앤드류 양을 낳은 그의 부모님은 둘 다 고도기술 분야의 전문직 종사자였다. 아버지는 미국 컴퓨터·정보기기 제조업체 IBM과 종합가전기업 제너럴 일렉트릭GE에서 물리학자로 일하며 50개 이상의 특허를 출원했다. 통계학 석사인 어머니는 지역 대학의 정보기술IT 시스템 관리자였다. 지금은 예술가로도 활동한다. 앤드류 양에게는 뉴욕대 심리학과 교수인 형 로렌스가 있고 아버지 및 삼촌과 사촌동생까지 대학교수인 학자 집안이다.

앤드류 양. Photo by Gage Skidmore

그의 가족은 뉴욕 웨스트체스터 카운티에 정착했는데 앤드류 양은 유명 인사를 다수 배출한 뉴햄프셔의 전용 기숙학교인 명문 필립스 엑시터 아카데미 고등학교로 입학하기 전까지 이곳에서 성장했다. 당시 1년 학비가 웬만한 대학 등록금 수준인 1만7000 달러약 1900만원에 달하는 사립고로 보내는 것이 부모님 입장에서는 꽤나 부담스러웠지만 기꺼이 지불했다. 어머니는 "우리가 계획하지 않았던 것이었지만 '나는 최고 중 최고가 되고 싶고 그곳에서 정말 최고가 될 수 있을 거야'라고 말하는 아들을 거절하기가 무척 어려웠다"고 돌아봤다.

이렇게 안팎으로 부유한 환경에서 자란 그였지만 고교 진학 전

성장기 동안 시련이 없었던 건 아니다. 그는 흔히 말하는 '왕따따돌림 당하는 사람'였다. 어느 날 학교에서 덩치 큰 아이가 다가와 "가라테일본무술를 하냐, 칭크?중국인을 포함한 중국인과 용모가 비슷한 민족을 나타내는 영어식 모멸어"라며 그를 가랑이 사이에 무릎 꿇리고 윽박질러댔다. 이어 학교 운동장 흙 속으로 얼굴을 먼저 들이밀면서 괴롭히는 일들이 다반사로 일어났다.

이들에게 앤드류 양은 쉬운 목표물이었다. 그가 또래들에 비해 체격이 작고 앙상했기 때문이다. 동급생들보다 똑똑했던 아이는 '월반성적이 뛰어나 상급 학년으로 건너뛰어 진급하는 일'을 해 더욱 그럴 수밖에 없었다. 앤드류 양은 12살 때 미국수학능력시험SAT에서 1600점 만점에 1220점을 받아 존스홉킨스대에서 운영하는 영재 교육 프로그램인 '인재청소년센터'에 참가할 자격을 얻은 뒤 5번의 여름을 이곳에서 보낼 정도로 공부를 잘했다. 13살에는 SAT가 1310점으로 올랐고 14살 때 1400점 이상을 얻었으며 15살에 1500점을 돌파했다. 대학에 지원할 무렵에는 최고 엘리트 학교에서도 충분히 좋은 성적을 얻어놔 다시 SAT 시험을 치르지 않고도 원하는 학교에 진학할 수 있었다.

그렇지만 같은 반 친구들엄밀하게 말하면 형들 사이에서는 책만 읽는 그저 작은 동양인에 불과했다. 앤드류 양은 수년간 구타를 감내해야 했다. 괴롭힘을 도저히 견딜 수 없어 받아들인 것이 무술 훈련이었다. 그들에게 힘으로 대항할 수 있기까지 몇 년이 걸렸지만 14세가 되던 해 앤드류 양은 마침내 전에 없던 일을 할 수 있었다. 그가 싸움에서 이긴 것이다. 앤드류 양은 "누군가가 내게 싸움을 걸었고 내가 반격하기 시작했을 때 그들은 놀랐다"며 "그는 먼저 나를 때렸고 내가 반격하리라고는 예상하지 않아서인지 갑자기 나타난 내 주먹에 정말 놀란 것 같았다."라고 회상했다. 이 모습을 지켜본 다른 아이들은 더 이상 앤드류 양을 괴롭히지 않았다.

앤드류 양은 2018년 펴낸 저서 '보통사람들의 전쟁'에서 "아마도 어린 시절 겪은 일들의 결과로 나는 약자나 별 볼일 없는 사람들을 더 잘 이해하게 됐다. 약자, 작은 남자, 여자에 대해 관심이 많고 항상 자부심을 갖고 있다."라고 언급했다. 사회 소외계층을 제일 먼저 걱정하고 이들을 위한 인간중심의 기본소득 철학이 앤드류 양 내면에 깊이 자리함을 시사한다.

사춘기를 슬기롭게 극복해내고 고등학생이 된 앤드류 양은 특별히 말을 잘하는 학생이었다. 교내 토론 팀에서 뛰어난 재능을 발휘했고 1992년 마침내 미국 국가 토론 팀의 일원이 됐다.

달변가이던 앤드류 양이 고교 졸업 후 택한 진로는 법조계였다. 그는 아이비리그의 브라운대학교에 들어가 경제학과 정치학을 전공했다. 스탠퍼드대에도 합격했던 그가 브라운대를 택한 건 동부 연안을 선호했고 형이 인근 웨슬리언 대학에 다녔기 때문이다. 1996년 졸업 뒤 법과대학원 입학시험LSAT을 치렀고 180점 만점에 178점을 받았다. 그리고 그는 컬럼비아대 로스쿨에 입학해 1999년 '주리스 닥터법학박사'를 취득하는 등 미래 촉망받는 법률가로서의 완벽한 엘리트 코스를 차근차근 밟았다. 뉴욕에서 돈 잘 버는 기업 변호사란 직업을 갖기 위해 잘 닦인 길을 걸은 것이다.

그러나 뜻밖에도 변호사 시절은 짧았다. 앤드류 양은 이 나라 최고의 로펌 중 하나라는 뉴욕시의 '데이비스 포크&워드웰'에서 변호사로 일을 시작했다. 대만 이민자 출신으로서 부모가 느끼는 감정은 남달랐다. 아들의 입사 소식을 듣는 순간 부모님은 감격했다. 대우도 최상급이었다. 월급과 보너스를 세어보면 그가 일 년에 벌 수 있는 돈이 약 15만달러1억7000만원나 됐다. 1999년 가을 만 24세의 앤드류 양은 그렇게 평생을 그려왔던 직장에 발을 들여놓았다.

그런데 기쁨도 잠시, 그 일이 고달프고 성취감이 없다는 걸 알기까지 오랜 시간이 걸리지 않았다. 금요일 오후 6시 퇴근을 앞두고 걸려온 상사의 전화를 받으면 주말 내내 책상에 앉아서 몇몇 따분한 문서들을 편집하고 있어야 했다. 아버지가 입는 정장 값보다 더 비싼 넥타이를 매고 주당 80시간 이상 일하는 생활에 대해 앤드류 양은 "목적도 없고 허전하게 느껴졌다."라고 말했다. 뿐만 아니라 "나는 뉴욕을 내다보며 '이것이 우리 부모님이 이 나라에 온 이유인가?'라고 생각했다."고도 했다.

그는 금세 불만스러워졌다. 자신은 변호사로서 사업과 거래를 만드는 사람이 되고 싶었다. 그러나 현실은 꿈꿨던 일과는 거리가 멀었다. 그는 단지 계약서를 작성하는 사람에 불과했다. 앤드류 양은 나중에 변호사 일을 "파이를 먹는 대회"로 묘사했다. 내가 이겼다면 보상은 더 많은 파이를 먹었다는 것뿐이다. 염증을 느낀 그는 불과 5개월 만에 꿈의 직장을 박차고 나왔다. 2000년 초의 일이다. 그러면서 변호사 생활을 "내 생애 최악의 5개월"이라고 단정했다.

퇴사는 결코 쉽지 않은 결정이다. 평생 꿈꿔오며 이룩했던 일을 너무나도 쉽게 포기하는 게 되기 때문이다. 워싱턴포스트는 이때의 앤드류 양에 대해 "그 모든 돈과 위신, 편안함에서 벗어나는 것은 그의 결정으로 시작된 비전통적인 경력의 산물"이라고 평했다.

앤드류 양은 아무리 돈을 펑펑 쓰고 자기만족을 삼으려고 해도 그것이 무언가 건설적인 일을 하고 싶고 그 일을 직업으로 삼고 싶다는 욕망을 넘어서지는 못한다고 확신했다. 어머니는 어느 날 집으로 찾아와 회사를 그만두겠다는 아들에게 "학자금 대출은 어떻게 할거냐"고 물으면서도 "남편은 불쾌했고 나 역시 걱정은 됐지만 아이가 스스로 결정할 수 있게 해야 한다고 느꼈기에 차분하게 대응했다."라고 훗날 밝혔다.

그렇게 부모님의 가슴에 생채기를 남기고 넘어간 분야가 창업이다. 스타기빙이라고 불리는 스타트업신생 벤처기업이 그의 첫 번째

작품이다. 유명 인사들이 자선단체에 기부하도록 하는 회사였다. 그러나 앤드류 양은 스스로 '실패'라고 규정할 정도로 성과를 내지 못했다.

후유증은 뼈아팠다. 그는 털썩 주저앉았다. 파산했고 아파트를 잃었으며 체중과 자신감도 신기루처럼 사라졌다. 눈앞에는 걱정하는 부모님과 함께 어떻게 11만달러약 1억2200만원나 남은 로스쿨 빚을 갚을 것인가에 대한 물음뿐이었다. 남들이 다 부러워하는, 돈과 명예가 보장된 로펌을 왜 제 발로 박차고 나왔는지 후회가 될 법한 순간이었지만 그래도 앤드류 양은 "그때만큼은 후회하지 않는다"고 했다.

좌절하는 그를 일으켜 세운 건 어릴 때 기억이다. 부모님은 그가 매우 똑똑하지만 특별히 의욕이 없다는 것을 진작 알았다. 어린 앤드류 양에게는 학교 성적도 부모님을 위한 것이었다. 교육을 높이 사는 가족 문화 아래 컸던 영향이다. 어머니는 "앤디앤드류 양의 어릴 적 애칭는 어렸을 때 내게 '나는 성적에 정말 관심이 없다. 하지만 엄마가 A를 좋아하기 때문에 나는 그 A를 받아 엄마에게 줄 것'이라고 얘기하곤 했다"고 떠올렸다. 부모님은 이런 아들에게 "실패하면 충분히 노력하지 않았기 때문"이라고 충고했다. 무슨 일이든 스스로 하고자 하는 의욕에 넘쳐 최선을 다해 실천하라는 뜻에서다.

절망 속에서도 앤드류 양은 밝은 면을 볼 줄 알았다. 나이 20대 중반이었을 때 잃어도 크게 잃을 게 없다고 생각했다. 혹여 또 실패하더라도 최악의 경우 다시 로펌으로 돌아가면 그만이라고 여겼다. 심기일전한 앤드류 양은 이후 교육 관련 '테스트 프렙Test Prep' 회사인 '맨해튼 GMAT'를 설립했는데 최고경영자CEO로서 골드만삭스·맥켄지·JP모건·모건스탠리 등에서 애널리스트들을 대상으로 강의했다. 회사는 전국 규모로 성장해 2009년 이 분야 거대 기업인 카플란에 인수됐다.

회사를 팔아서 번 돈으로 앤드류 양이 행한 다음 모험이 처음으로 대중의 주목을 끌었다. '벤처 포 아메리카Venture for America'라고 불리는 회사를 설립한 것이다. 이 회사는 경제가 어려워진 미국 주요 도시에서의 신규 창업과 안정적 운영을 2년간 지원해주는 비영리 사회적 기업의 색채를 띤다. 이를 위해 졸업한 지 얼마 지나지 않은 수백명의 대졸자들을 모집하고 훈련시킨 뒤 스타트업에 배치했다. 이 사업을 하면서 그는 여러 회장, 도지사, 기업체 거물들과 인연을 맺고 만남을 가졌다.

공로를 인정받은 그는 '패스트 컴퍼니'가 선정한 '가장 창의적인 비즈니스인 100명'에 이름을 올렸다. 그는 버락 오바마 정부 시절에는 백악관으로부터 '글로벌 기업가정신 대통령 대사' 및 '변화의 챔피언'으로 임명되기도 했다.

'혁신 기업가' 앤드류 양은 2016년에도 여전히 '벤처 포 아메리카'의 최고경영자CEO였지만 이미 관심은 상당부분 정치 쪽으로 옮겨갔다. 그해 트럼프의 승리는 타오르는 불에 기름을 붓는 격으로 그를 행동하게 만들었다.

2017년 11월 대통령 선거 출마를 공식화하고 5개월 뒤 대통령 선거 책이라고 볼 수 있는 '보통 사람들의 전쟁'을 출간한 앤드류 양은 인기 있는 팟캐스트인터넷망을 통해 다양한 콘텐츠를 제공하는 서비스에 자주 출연하면서 인지도를 높여나갔다. 가장 큰 불꽃이 인 건 수백만명의 청중들을 지휘하는 코미디언인 조 로건Joe Rogan과의 2시간짜리 인터뷰로 평가된다. 이 인터뷰는 유튜브구글이 운영하는 세계 최대의 동영상 공유 서비스에서 400만번 이상 조회됐고 이를 기점으로 선거 캠프에는 소액 후원금이 홍수처럼 들어왔다.

6만5000명의 기부자를 확보한 앤드류 양은 첫 민주당 대선후보 경선 토론회의 문턱을 넘으면서 중앙 무대로 진출하는 데 성공했다. 앤드류 양 지지자들은 종종 캠페인의 트레이드마크인 파란색 'MATH' 모자를 썼는데 이는 트럼프의 대선 슬로건인 '미국을 다시 위대하게Make America Great Again'의 패러디이기도 하면서 '더 열심히 생각하는 미국을 만들자Make America Think Harder'는 의미를 담고 있다.

앤드류 양은 전통적인 의미에서의 '좌파'도 아니고 전형적인 '우파'라고도 평가되지 않는 정치인이라는 점에서 주목해볼 만하다. 한국식으로는 진보도 보수도 아닌 중도다. 그래서 "왼쪽도 오른쪽도 아닌 앞으로"를 외친다. 그가 내건 정치철학인 '인간중심 자본주의'라는 말에도 의도는 뚜렷하게 묻어난다. 인간의 삶을 위해 가장 진보적인 기본소득을 내세우면서 기업가 출신답게 자본주의를 신봉한다. 앤드류 양은 자본주의에 대해 "주머니 속에 스마트폰을 가지고 있는 사람이라면 누구나 가치와 혁신을 견인하는 시장의 힘을 인정해야 한다. 자본주의 덕분에 오늘날 우리가 누리는 대부분을 가질 수 있었다"고 목소리를 높인다. 단 그가 기존의 탐욕스러운 기업가들과 차별화되는 점은 돈이나 물질이 아닌 사람을 우선한다는 데 있다.

돈 잘 버는 기업 변호사 내지는 잘 나가는 스타트업 CEO로서 앤드류 양은 사회 상류층의 기득권 안에서 풍요롭게 잘 살 수 있는 사람임에도 굳이 골치 아픈 정치를 하겠다고 뛰어든 데에는 모든 일에 사람이 먼저라는 분명한 소신이 자리했기 때문이다.

'혼자 잘 살지 말고 다 같이 잘 살자'는 주의다. 연장선상에서 그는 미국이 처해 있는 대량실업 사태를 크게 우려하고 있는 몇 안 되는 정치인 중 하나다. 앤드류 양의 시각에서 자동화로 인한 대량실업은 피할 수 없는 시대적 흐름이다. 앤드류 양은 "자동화와 일자리 상실의 물결은 더 이상 미래의 암울한 이야기가 아니다"며 시간이 얼마 남지 않았음을 알렸다. 이어 "미국의 70%는 자신이 중산층이라고 생각하는데 지금 현재도 당신보다 머리가 뛰어난 사람들은 당신을 당신보다 인건비가 싼 해외 노동자로 대체하거나 위젯미니 응용 프로그램·소프트웨어·로봇으로 바꿔나갈 궁리에 빠져 있다"고 충고했다.

누군가 악의를 가지고 사람의 일자리를 뺏으려는 건 아니다. 기업 운영자의 입장에서는 효율성의 문제다. 비용 대비 효과가 높은 방식을 취할 수밖에 없다. 효율성을 높여야 경영자에게 더 많은 보상이 돌아가는 구조여서다. 효율성이 높아지면 질수록 보통 사람들의 설자리는 사라지는 식이다.

기업을 운영하면서 겪은 실례도 곁들인다. 앤드류 양은 저서 '보통 사람들의 전쟁'을 통해 뉴욕에서 콜센터 직원을 대체하는 인공지능 소프트웨어를 개발 중인 회사 임원인 친구를 만나 "우리는 점점 인력을 쓰지 않는 방향으로 발전해가고 있다. 그게 현실이다. 못 따라오는 사람들이 많아질 테고 결국 일자리를 잃어버린 시대의 도래를 피할 수 없을 것"이라는 말을 전해 들었다고 밝힌다.

또 샌프란시스코에서 기술 대기업 운영 관리자와 아침식사를 하면서 "얼마 전에 공장 하나를 지었는데 몇 년 전 만들어진 같은 규모의 공장에 비해 30%의 인력만으로 운영할 수 있다. 몇 년 후에는 사람들이 뭘 해서 먹고 살지 모르겠다"는 얘기도 들었다.

최근 투자자들의 돈이 몰리는 스타트업 70%는 일자리를 없애는 역할을 할 회사들이라고 앤드류 양은 우려했다. 일자리의 유동성이 떨어지면, 즉 먹고 살기 힘들어지면 정치적 적개심과 사회악이 자라기 쉬운 여건이 조성된다. 현 지구촌에서 동서를 막론하고 좌우가 극명하게 갈라져 서로 싸우고 강력범죄나 폭동이 판치는 세태가 이를 방증한다. 약물 남용·가정 폭력·아동 학대·우울증 같은 사회 부작용들도 간과 못한다.

그래서 앤드류 양이 들고 나온 최선의 해결책이 기본소득이다. 이미 미국 가정의 절반 이상이 어떤 형태로든 정부로부터 직접 소득 지원을 받고 있는 판에 범위를 더 넓혀 18세 이상 미국인 모두에게 매달 1000달러약 112만원씩 조건 없이 주자는 것이다. 기본소득은 사람 중심의 자본주의를 실현하기 위한 첫 단추다. 같은 맥락에서 국내총생산GDP만 가지고 성과를 가늠할 게 아니라 인간의 웰빙평균수명·정신건강 등도 국가 가치를 척도하는 지표로 쓰여야 한다는 게 앤드류 양의 평소 지론이다.

최고의 로펌 재직 시절 앤드류 양이 돈보다 중요하게 여긴, 뭔가 의미 있는 걸 하기 위해 정치는 가장 유용한 도구일 수 있다. 정치를 통해 궁극적으로 지향하고자 하는 바는 기본소득의 실현이고 나아가 혼자가 아닌 모두가 함께 잘 사는 세상을 만드는 일이다. 워싱턴 포스트에 따르면 앤드류 양은 민주당 경선 당시 기차 안에서 자신을 알아보는 지지자들에게 "스타기빙이 '폭망폭삭 망하다'했음에도 그건 여전히 매우 활기찬 과정이었다"며 "영혼을 찾는 시기였다. 실패작처럼 느껴지기 쉬웠다. 나는 아무도 이해하지 못하는 일을 하고 있었다. 친구만큼 돈을 많이 벌고 있지 않았다. 하지만 노력해야 한다. 그것이 가치 있는 모든 것이 건설되는 유일한 길"이라고 얘기했다.

앤드류 양은 그런 사람이다. 이런 사람을 통해 보편적 기본소득이 실현된다면 세상은 선한 방향으로 진일보할 수 있다고 그의 지지자들은 굳게 믿는다.

앤드류 양이 말하는 기본소득의 개념

앤드류 양이 내세우는 기본소득의 시작점도 제4차 산업혁명이다. 4차 산업혁명 시대의 도래로 사무행정직·공장노동자 및 의사나 변호사로 대표되는 화이트칼라를 가리지 않고 수천만명의 미국인이 무차별적으로 일자리를 잃더라도 사회가 제 기능을 유지하고 발전을 지속하려면 노동과 생활의 기본수요를 위한 지출 사이의 관계를 다시 생각해볼 필요가 있다고 앤드류 양은 조언한다.

자본주의에 익숙해진 사람들은 언제나처럼 시장이 알아서 해결해 줄 거라고 막연하게 믿겠지만 더 늦기 전에 이런 시장논리를 깨

뜨려야 한다는 것이다. 지금의 경제는 승자독식 구조로 1970년대 방식이 계속 유지돼오고 있어서다.

경고는 이미 여러 곳에서 감지된다. 2018년 3월에 세상을 떠난 스티븐 호킹은 2015년 7월 "만약 기계가 생산한 부를 공유한다면 모든 사람이 편안하고 호화로운 삶을 누릴 수 있을 것이고 기계 소유자가 부의 재분배에 반대하는 로비에 성공한다면 대부분의 사람들은 비참한 가난 속에서 살아갈 것이다. 갈수록 기술이 불평등을 심화하는 쪽으로 가는 지금의 추세로 볼 때 후자로 가고 있는 것으로 보인다."라고 했다.

2016년 6월 버락 오바마 전 미국 대통령은 "내가 보는 시각에서는 자동화와 세계화의 문제로 19세기 초와 대공황 시기 및 그 이후에 그랬던 것처럼 사회적 합의를 다시 검토해야 할 것이다. 주 40시간 근로나 최저임금에 대한 개념, 미성년노동법 등 모든 것이 새로운 현실에 맞게 보완돼야 할 것"이라고 제안했다.

해결책이 없는 것은 아니다. 앞으로 일자리가 사라지면서 상황은 점점 더 힘들어지겠지만 이를 극적으로 호전시킬 방법이 보편적 기본소득이다. 인간의 삶은 일자리가 없어져도 먹고 살 수 있어야 하고 기본적 수요를 충족할 수 있어야 한다는 관점에서 그렇다. 앤드류 양은 기본소득을 '자유 배당'이라고 부르면서 미국 정부가 18~64세 사이의 전 국민에게 연간 1만2000달러약 1333만원씩 지급하고 향후 물가 연동률에 따라 지급액을 조정해 나가야 한다고 명시했다. 1만2000달러는 현재 미국의 빈곤선인 1만1770달러에 기초한 것이다. 기본적으로 전 국민을 빈곤선까지 끌어올려 총 빈곤을 완화하자는 의도가 담겨있다. 물론 관련 헌법을 수정하려면 압도적 다수의 찬성이 필요하다는 전제도 빼놓지 않는다. 여기서 눈여겨봐야 할 것은 빈곤선이다. 보편적 기본소득은 '충분성^{지급액}의 충분함'을 지향하지만 앤드류 양은 재원 마련 등 모든 현실적 난관들을 고려했을 때 빈곤선만 지켜지더라도 그 의미가 충분하다고 본다. 이는 2014년 5월 버니 샌더스 미 상원의원이 "모든 미국인이 적어도 최소한의 생활수준은 보장받을 권리가 있다고 생각한다. 그것이 우리가 도달해야 할 목표인 점만은 분명하다"고 한 것과 뜻을 같이한다.

앤드류 양이 민주당 경선을 했던 당시의 장면. Photo by Joshua Park

앤드류 양의 기본소득은 사회보장의 한 형태로 규정되고 있다. 모든 국민이 일이나 소득에 관계없이 매월 일정 금액을 받는다. 억만장자나 가난한 싱글맘이나 받는 액수가 똑같다.

앤드류 양은 보편적 기본소득이 혼자만의 생각이 아니라는 걸 역대에 걸친 여러 학자나 유명인들의 관련 언급들을 곁들이면서 당위성을 부여한다. 1796년 지주로부터 거둬들인 기금을 활용해 "21살이 되는 모든 국민에게 자연적 유산을 상실한 데 대한 보상 격으로 15파운드씩 빈부를 떠나 모든 사람들에게 지급해야 한다" 던 토마스 페인의 말을 그는 인용했다.

그에 의하면 노벨 경제학상을 받은 미국의 경제학자이자 대중적 지식인인 밀턴 프리드먼Milton Friedman은 지난 1980년 "우리는 특정 목적의 잡다한 복지 프로그램을 없애고 현금을 소득으로 보전해주는 종합적인 단일 프로그램, 즉 부의 소득세로 대체해야 한다. 그러면 현 복지제도가 안고 있는 비효율적이고 비인간적인 문제점이 개선될 것"이라고 주장하기도 했다.

보편적 기본소득은 기존 복지 프로그램 하에서 많은 이들이 걱정하는 근로 의욕저하 요인을 이미 제거했다는 게 앤드류 양의 판단이다. 모든 사람들이 동등하게 먹고 살만한 최소한의 돈을 정부로부터 받는 가운데 따로 일을 하게 되면 사실상 나머지 돈은 저축을 할 수 있기 때문으로 그는 풀이했다. 예를 들어, 최저 임금 수준인 1년에 1만8000달러를 버는 건설 노동자나 식당 종업원이 있다면 이들의 연 수입은 기본소득 1만2000달러를 더해 연 3만달러로 늘어나는 식이다. 먹고 사는 것에 만족하지 않고 멋진 차나 좋은 집을 갖고 싶다는 동기부여가 있다면 사람은 일을 하지 않을 수 없다.

정부에서 모든 국민에게 기본소득을 매월 지급한다면 시장에 돈이 너무 많이 풀려 거센 인플레이션물가상승이 일어나지 않을까 라는 우려도 있다. 이에 대해 앤드류 양은 "1년 1만2000달러는 간신히 먹고 살 정도의 돈밖에 되지 않는다"며 "실제 우리가 소비하는 제품을 떠올려보면 경쟁이나 세계화 또는 기술 발달에 노출된 제품은 대부분 가격이 내려갔거나 품질이 좋아졌거나 아니면 가격이 내려가면서 품질도 좋아졌음을 알 수 있다. 기술 발달로 제품 원가가 계속 떨어질 것이기 때문에 많은 제품은 지속해서 가격이 하락할 것"이라며 우려를 불식시켰다.

오히려 경제가 기본소득으로 호황을 누릴 것이라는 분석이 많다. 루즈벨트 연구소는 성인 1인당 1만2000달러를 지급하는 계획을 분석한 후 이 안이 채택된다면 경제는 해마다 12.56~13.10% 성장이 경우 2025년에는 2조5000억달러 가량 성장할 것이고 노동 인구는 450~470만명 늘어날 것으로 내다봤다. 사람들에게 돈을 쥐어주는 것만으로도 소비가 살아나 일자리와 경제가 지속 성장하게 되는 구조 때문이다.

무상으로 받는 돈이니 엉뚱한 데 쓰일 거라는 부정적 견해에도 앤드류 양은 동의하지 않는다. 앤드류 양은 "지금까지 실시된 기본소득 연구결과를 모두 살펴봐도 마약이나 알코올 사용이 증가했다는 기록은 없다."라고 못 박으며 "그보다는 장래를 낙관적으로 보게 되면서 더 나은 운명을 개척하기 위한 계획을 세우는 동기로 작용하는 경우가 많았다. 이를테면 알래스카의 많은 주민들은 해마다 석유 배당금으로 받은 많은 돈을 저축하고 있었다."고 전했다.

이어 "가난한 사람은 돈에 대한 책임감이 없어 돈을 낭비할 것이라는 생각은 사실에 근거한 게 아니라 뿌리 깊은 편견으로 보인다"며 "사실은 가난한 사람들이 부유한 사람들보다 훨씬 더 돈을 아끼는 경향이 있다. 나는 10대 때 아르바이트로 시급 5달러 20센트와 팁을 받으며 중국 음식점에서 식탁 청소하던 기억을 잊지 못하는데 그 시절 현금 50달러가 내게 얼마나 큰 금액으로 다가왔는지, 그 돈을 얼마나 아꼈는지를 똑똑히 기억한다."라고 덧붙였다.

앤드류 양은 왜 기본소득이 필요하다고 말하는가

미국 내 사업체 수는 12년 전 기준으로 해마다 10만개씩 줄어들고 있다. 주로 기술 발전 때문에 수백만개의 '사람 일자리'가 사라지면서 여러 지역에서 경제 성장의 에너지가 꺼졌다. 앤드류 양은

"자동화로 없어진 일자리가 세계화로 사라진 일자리보다 4배나 많다"는 CNN 뉴스를 들으며 충격을 받았다고 한다. 사람들은 값싼 노동력을 등에 업은 중국이나 동남아시아가 전통적인 미국의 제조업 일자리를 앗아갔다고 알고 있지만 진짜 원흉은 중국이 아닌 자동화의 물결이었다는 게 확연하게 드러나는 순간이다.

이렇게 특히 취약계층이 생계수단을 빼앗기면서 생긴 고질적 경제 문제가 '뉴노멀'New Normal. 시대변화에 따라 새롭게 부상하는 표준이 되면서 미국인의 생활과 가정이 무너져가고 있다.

1970년대만 해도 기업은 직원들에게 연금을 넉넉하게 줬고 직원들은 자기 회사에서 오랫동안 안정적으로 일할 수 있을 거라는 믿음이 있었다. 지금은 옛날이야기다. 민간 부문에서는 벌써 몇 년 전에 연금이 사라져버렸다. 다시 말해 보통 사람들의 노후가 불투명해졌다는 의미다. 저축도 언감생심이 된 지 오래다. 소비자 금융 서비스 회사 뱅크레이트가 2017년 실시한 설문 조사 결과 미국인의 59%는 예기치 않게 발생한 500달러약 56만원 정도를 지출할 만큼의 저축액이 없는 것으로 나타났다. 쉽게 말해 수중에 여윳돈 몇십만원이 없어 겨우 하루 벌어 하루 먹고 사는 데 급급한 미국인이 절반 이상이라는 뜻이다.

나아가 대략 80%는 매월 발생하는 수입과 지출의 차이를 관리할 여유 자금이 없다는 JP모건체이스의 조사도 있다. 미국 금융

일기 프로젝트의 책임자인 조너던 덕은 "1970년대부터 예측 가능하며 생활임금 수준의 돈을 주는 안정된 일자리를 찾는 일이 점점 더 어려워지고 있다. 이런 변화로 많은 가구의 소득 변동성이 커졌다"고 분석했다.

20세기 초반 트랙터의 등장과 함께 농장에서 시작돼 1970년대 들어 공장으로 확산한 자동화는 주된 원인 중 하나다. 공교롭게 이 무렵인 1978년부터 제조업 고용 인원이 줄어들고 임금 인상률도 떨어졌다. 기업 수익은 역대 최고치를 향하는데 정작 근로자의 임금은 떨어지는 현상이 발생했다. 그 결과 국내총생산GDP에서 임금이 차지하는 비율은 1970년 54%에서 2013년 44%로 주저앉았다. 반면 같은 기간 GDP에서 기업 이윤은 4%에서 11%로 치솟았다.

보통 사람들의 살림살이는 점점 더 팍팍해지는데 오히려 오늘날의 기업은 직원을 늘리거나 임금을 올리지 않고도 더욱 번창하며 기록적인 수익을 낸다.

이런 식으로 상위 1%는 2009년 집계 미국 실질 소득 성장분의 52%를 쓸어갔다. 상류층으로만 돈이 몰리는 승자독식 구조의 폐해는 역대 최고 수준의 불평등으로 표출된다. 각종 연구에 따르면 불평등한 사회에서는 모든 사람의 행복도가 떨어진다고 나온다. 가난한 사람은 생활고에 찌들려 하루하루가 지옥 같고 부유한 사람은 돈 걱정은 없어도 정신이 피폐한 삶을 사는 것으로 조사된다.

과거보다 우울한 감정과 불신을 더 많이 느끼게 된다는 것이다.

프랑스의 철학자 볼테르는 "일은 세 가지의 커다란 악인 권태, 부도덕, 궁핍을 막아준다"고 했다. 랄프 카탈리노 UC버클리 공중위생학 교수는 "실직 상태가 길어지면 육체적 또는 정신적으로 사회 지위 상실감과 총체적 불안감 및 사기 저하를 겪는다."라고 경고했다.

이렇게 사람에게서 일이 없어지면 대부분은 부정적인 영향을 받을 것이 분명하다. 일은 인간성과도 강한 연결고리가 있다. 일자리 감소는 인간성의 몰락을 부추긴다. 사람은 누구나 태어나서 행복하게 살 권리가 있는데 이 상태대로라면 미래의 인간들은 전혀 행복한 삶을 살지 못할 공산이 커졌다.

문제는 거대한 경제 변혁기 앞에 누구도 사태의 심각성을 절감하고 대응책을 마련하려 하지 않는다는 데 있다. 이에 앤드류 양은 "나는 방향을 바꾸었다. 이제 내 목표는 사람들에게 어떤 일이 일어날지를 알리고 우리가 원하는 미래를 지키기 위해 싸울 준비를 하게 하는 것이다. 엄청난 도전이고 시장은 우리를 돕지 않겠지만 결국 이 일을 하는 우리 손에 달렸다. 시간이 얼마 남지 않았다"고 다짐했다.

지금이야말로 정부가 나서 최소한 궁핍만이라도 책임지자는 것이 바로 앤드류 양의 기본소득 도입 필요성이라고 볼 수 있다. 적어도 먹고 살 걱정이 사라지면 인간의 삶과 인간성은 옳은 방향으로 흘러간다. 1968~1975년 사이 미국 정부에서 시행한 각종 연구 용역에서 현금 지급이 일에 미치는 영향은 크지 않은 것으로 밝혀졌다. 남성은 평균 1시간, 여성은 5시간 정도 일하는 시간이 줄긴 했는데 대신 이들은 그 시간을 자녀와 보내는 데 썼다. 그 결과 아이들의 학업 성적이 향상되고 고교 졸업률도 껑충 뛰었다. 뿐만 아니라 작업장에서는 재해가 줄고 응급실에 가는 사람이 감소하면서 병원을 찾는 횟수는 8.5% 내려갔다. 정신과 질환 관련 건수와 가정 폭력도 줄었다.

랜들 아키 UCLA 경제학 교수는 1995년 노스캐롤라이나주 저소득층 어린이 1,420명을 대상으로 한 현금 지급과 성격 변화를 관찰한 실험 결과를 놓고 "여분으로 받은 돈은 시간이 흐르며 어린이들의 성격 형성에 실질적인 영향을 끼쳤다는 사실을 알아냈다"며 "행동 및 정서 장애가 감소했고 성실성과 공감 능력이라는 두 가지 성격 특성이 두드러지게 늘었다. 이런 종류의 종적 연구는 일부러 여건을 만들려고 해도 거의 불가능하다."라고 의미를 부여했다.

전체적으로 빈곤이 사라지니 삶의 수준이 훨씬 나아지고 인간성이 바른 쪽으로 자리 잡는다. 이렇게 선순환 효과를 불러오는 기본소득을 하지 않을 이유가 없다는 게 앤드류 양이 자신의 저서

‘보통 사람들의 전쟁’을 관통하며 내내 주장하는 바다.

앤드류 양은 왜 기본소득이 가능하다고 보는가

앤드류 양은 나라 살림에 크게 부담이 가지 않는 선에서 세수를 충당할 수 있다고 보는 쪽이다. 또 정치인으로서 여론전을 펼쳐 기본소득을 주요 논의 테이블에 올리고 국민들에게 당위성을 알리며 꾸준히 설득해 나간다면 충분히 실현 가능하다고 확신한다.

이때 터진 코로나19 사태는 크게 두 가지 면에서 앤드류 양의 주장에 날개를 달았다. 첫째 비대면이 대세로 자리 잡으면서 4차 산업혁명으로 대표되는 자동화의 물결이 더욱 거세졌고, 둘째 국민들이 직접 기본소득을 단회로 맛보게 된 체험이 생각을 바꾸게 되는 ‘터닝 포인트’로 작용했다.

앤드류 양은 웹 기반 신생 뉴스 매체인 VOX의 ‘에즈라 클라인 쇼’에 나와 “내가 걱정했던 많은 것들이 코로나19 사태로 인해 이제 완전히 시야에 들어왔다”며 “AI와 로봇 정육업자, 로봇청소기, 로봇 식료품 점원 등에 대한 투자를 검토하던 기업들이 속도를 내고 있다. 자율주행차가 도미노피자를 배달한다면 사람과의 접촉이 적다는 뜻이다. 인간 기자들과 구별할 수 없는 수준으로 많은 글과 기본적인 요약을 할 수 있는 새로운 출현도 있다."라고 달갑지만은 않은 자동화의 가속화를 알렸다.

코로나19 때 지급된 긴급재난지원금과 관련해서는 "이젠 상식이다. 주위를 둘러보면서 잘못도 없이 노동에서 밀려난 수천만의 미국인들이 있다는 걸 알게 되면 현금구제만이 합리적인 해결책"이라며 "1,200달러 지급은 많은 가정과 우리 경제를 떠받치는 데 정말 긍정적인 영향을 끼쳤다. 하지만 우리는 규칙적이고 반복적이고 예측 가능하게 만들어야 한다. 우리는 이제 혜택이 망각돼 많은 가정과 지역사회에서 고통과 붕괴가 일어나는 것을 보게 될 것이다. 직접 현금 구제 말고는 그렇게 많은 가정들을 관리하도록 도울 수 있는 실행 가능한 방법은 정말 없다"고 호소했다.

이어 그는 "내가 마지막으로 본 바로는 76%의 미국인들이 직접 경험한 현금 구제 정책에 만족감을 표했고 55%는 현재 보편적 기본소득에 찬성하고 있다. 나는 더 이상 마법을 부리려는 아시아인이 아니다. 대다수의 미국인들은 그것이 상식이고 우리가 해야 할 일이라는 것을 알고 있다"고 덧붙였다.

기본소득이 현실화하기 위해서 어떻게 보면 가장 중요한 건 여론이다. 국민들의 대다수가 지지를 표해야 한다. 그런 측면에서 뜻밖의 코로나19로 현금 지원을 맛본 미국인들이 긍정적인 쪽으로 크게 돌아서고 있음은 아주 좋은 신호다. 여세를 몰아 보다 구체적이고 실천적인 공론의 장으로 들어선다면 앤드류 양은 보편적 기본소득 도입이 충분히 가능하다고 믿는다. 경선에서 경쟁한 조 바이든이 대통령에 당선된 것도 상당한 호재로 작용할 전망이다.

앤드류 양은 어떻게 기본소득 재원을 마련할 것인가

관건은 재원 마련이다. 결론부터 말하면 기본소득 시행에 드는 비용은 현재의 복지 프로그램 운영 경비에 연간 1조3000억 달러 정도가 추가되면 문제없다고 앤드류 양은 계산한다. 기본소득 지급으로 인한 세수 증가와 비용 절감 효과를 감안한 금액이다. 이렇게 되면 미국 내 126개의 땜질식으로 만든 지원 프로그램과 복잡하고 느린 관료적 절차 대부분이 사라지는 효과도 나타난다.

1조3000억 달러가 어마어마하게 커 보일 수 있으나 연방정부 예산 4조달러, 미국 전체 경제 규모 19조달러를 참고하면 허황된 액수는 아니다. 재원 조달 방법은 여러 가지가 있을 수 있는데 이 지점에서 앤드류 양이 꺼내든 세수 확보 방안의 핵심 카드는 미국엔 없는 부가가치세VAT의 전격 도입이다. 미국의 모든 상품과 서비스에 대해 10%의 부가가치세VAT를 새로 시행하면 된다는 것이다. 부가가치세는 수익을 올리는 데 효과적이다. 2016년 경제협력개발기구OECD 국가들은 부가가치세 등 소비세를 통해 총 세수의 30% 이상을 벌어들였다. 유럽연합EU도 부가가치세 사기와 조세 회피로 인해 2017년 28개 회원국이 예상보다 적은 1,375억유로1517억달러의 세금을 징수했다고 발표했지만 부가가치세는 여전히 '주요 세수 원천'으로 보고되고 있다. 미 의회예산국의 2018년 보고서는 미국 내 대부분의 상품과 서비스에 5%의 부가가치세를 시행하면 2020년부터 2028년까지 3조달러의 수입이 증가할 것으로 추산했다.

부가가치세는 판매세와 다르다. 일종의 소비세다. 매장이나 온라인에서 구매하는 상품과 서비스에 붙는 가격의 일정 비율이다. 이미 제도가 활성화된 EU에서는 인터넷·온라인게임·웹호스팅 등의 디지털 서비스에도 부가가치세가 붙는다. 앤드류 양의 부가가치세 제안이 이 같은 서비스를 커버할지는 현재로서는 불투명하지만 그는 구글·아마존 등 대기업들이 '공정한 몫'을 세금으로 더 많이 내는 방안 중 하나가 부가가치세라고 꼽아왔다.

작동 방법은 이렇다. 예를 들어, 티셔츠를 만들기 위해 의류 회사는 공급 업체로부터 원단을 5달러에 산다. 공급자는 의류 회사에 10%의 부가가치세 즉 50센트를 붙여 총 5달러50센트를 받는다. 그리고 공급자는 50센트를 연방정부에 보낸다. 티셔츠가 만들어지면 의류업체가 백화점에 10달러에다 부가가치세 1달러를 붙여 총 11달러에 판매한다. 의류 회사는 이미 원단 공급자에게 50센트를 지불했기 때문에 연방 정부로부터 50센트에 대한 할인을 받는다.

이때 손님이 백화점에 들어와서 20달러에 셔츠를 산다. 백화점은 고객에게 10%의 부가세2달러를 더해 22달러에 판매한다. 백화점은 앞서 1달러를 부가가치세로 의류회사에 지불했기 때문에 연방정부로부터 1달러 할인받는 식이다. 티셔츠 최종 판매에 대한 연방 VAT 총액 10%가 도중에 수집됐다는 점을 유의하면 연방정부는 20달러의 구매액에서 2달러를 회수원단 공급업체로부터 50센트·의류 회사로부터 50센트·백화점으로부터 1달러했다. 카일 포메라우 공정세무재단 수석 이코노미스트 겸 경제분석부 부사장은 미국 공영방송망 PBS와의 인터뷰에서 "부가가치세는 실제 생산 공정에 따라 단계적으로 세금이 징수된다"고 설명했다.

다만 앤드류 양의 계획에 따르면 10%는 부가가치세 표준세율이 되겠지만 요트와 같은 사치품에는 더 높은 세율을 매기고 식료품 같은 일상용품은 부가가치세를 면제받거나 더 낮은 세율로 부과한다고 돼 있다.

OECD에 따르면 2018년 11월 현재 총 168개국이 부가가치세를 사용하고 있다. OECD 국가 중 유일하게 미국만이 부가가치세를 시행하지 않는다. 모든 EU 국가들의 경우 각기 다른 부가가치세율을 적용하지만 최소 15%는 돼야 한다. 동시에 식품·물·의약품 등과 서비스 일부는 최소한 5%의 부가가치세 인하를 받을 수 있다. 릴리안 포크하버 조지타운대 법학 교수는 "투자 결정을 왜곡하거나 저축하지 않고 쉽게 수익을 올리기 위해 부가가치세가 20세기

중반 유럽에 정착됐다."라고 말했다.

부가가치세는 지출에 추가 비용을 발생시키지만 경제학자들은 그 세금이 일반적으로 대부분의 상품과 서비스에 부과되기 때문에 다른 세금에 비해 피하기 어렵고 소비자 행동에 미치는 영향이 적다고 분석한다.

반론도 존재한다. 일부 비평가들은 부가가치세가 세수를 늘리고 국회의원들이 정부 규모를 확대해 지출을 늘리도록 하는 걸 너무 쉽게 만들 것이라고 우려한다. 미 해군대학원대학교 경제학과 명예교수 겸 보수성향 후버연구소 연구위원인 데이비드 R. 헨더슨은 PBS뉴스를 통해 앤드류 양의 부가가치세 계획에 "정부 지출이 유럽 수준으로 곧장 확대될 것"이라며 "기본소득에 자금을 대는 부가가치세는 적자를 감당할 우리의 자유도 앗아간다."라고 제동을 걸었다. 진보 진영에서는 부가가치세가 모두 똑같은 10%의 세율을 적용받기 때문에 저소득층은 소득 대비 더 높은 비율을 세금으로 지출하게 된다고 꼬집는다. 도로시 브라운 에모리대 법대 교수는 현 시점에서 앤드류 양의 계획은 답보다 의문을 더 불러일으킨다면서 "만약 내가 저소득층이고 1년에 1만2000달러를 추가로 받는다면 그 중 얼마를 부가가치세로 지불할 것인가"라고 반문하며 "악마는 디테일에 숨어있다. 모든 상품과 서비스에 대한 부가가치세는 기본적으로 우리가 도와주려는 사람들의 주머니에서 돈을 빼내는 것"이라고 비판했다.

이와 관련해 앤드류 양은 "부가가치세가 사회로부터 가장 많은 이익을 얻는 국민과 기업으로부터의 수입을 창출할 것"이라고 선을 그으며 "감세 전문가인 대기업이 미국 사회기반시설과 시민권으로부터 세금을 내지 않고 혜택 받는 걸 훨씬 어렵게 만든다. 부가가치세는 약간 높은 가격을 의미하지만 기술 발전은 대부분 품목의 가격이 내려갈 걸 뜻하기도 한다. 왜냐하면 만드는 비용이 더 싸지기 때문"이라는 확고한 입장을 내놓았다.

이밖에 앤드류 양은 양도차익이나 이자세 허점을 종식시킬 금융거래세, 기업에 부과하는 신개념의 탄소세, 사회보장세 대상 최대 소득 상한 해제, 양도소득세 및 이월세 세율 변경 등을 통해 기본소득의 재원이 마련될 수 있다고 제시한다.

"나는 분명히 많은 정책적 처방들을 가지고 있다. 나는 그저 매일매일 그들에게 감동을 주고 그들의 삶을 향상시켜 줄 수 있는 방법을 가져다 그것들을 사람들에게 보여주고 싶다"는 앤드류 양의 소신에 해답이 들어있다.

제4장

기본 소득을
꼼꼼히 살펴보자 (공부)

기본소득 개념과 이해

미국 경제 전문지 블룸버그의 오피니언 칼럼니스트이자 '한나 발과 나'의 작가로도 유명한 안드레아스 클루트는 기본소득 혹은 UBI보편적 기본소득에 대해 "주어진 관할구역 안에 있는 모든 사람들에게 지불하는 무조건적인 현금 시스템"이라며 "UBI는 가난을 줄이고 사람들을 더 건강하게 만들고 그들에게 더 많은 존엄성을 부여할 것이다. 또 로봇이나 인공지능으로 말미암아 일자리를 잃은 노동자들이 다른 직업을 위해 재교육 받는 걸 용이하게 한다. 일반적으로 기본소득은 일하지 않거나 어려운 직업에 종사하는 기간 없이 사람들이 자신의 기술에 투자하고 더 높은 수준의 노동력에 다시 들어갈 수 있도록 가교 역할을 한다."고 정의했다.

다만 클루트는 "기본소득이 사람들을 게으름뱅이로 전락시키거나 4차 산업혁명의 집단적 프롤레타리아인 새로운 영구 종속적 하위계급을 창출할 수 있으며 일하지 않는 사람들을 먹여 살리기 위해 여전히 일자리를 가지고 있는 부지런한 사람들이 용납할 수 없는 수준의 높은 세금을 내야 할지 모른다"는 경계의 목소리도 있다는 점을 빼놓지 않았다.

기본소득에 대한 찬반 충돌은 결국 돈에서 자유로워진 인간이 어떻게 반응할까에 대한 명확한 검증이 일어나지 않았기 때문이다. 그걸 알아가기 위한 실증적 실험을 본격화한 계기가 2020년 코로나19 사태다.

코로나19로 많은 이들은 재택근무·비대면 회의·온라인 교육·온라인 주문 등이 일상화된 생활을 경험했다. 이런 패턴이 정착될 때 제일 먼저 민감하게 반응하는 쪽이 노동시장이다. 디지털·비대면·홈코노미 등의 직업군이 떠오르면서 노동시장 구조조정이 급물살을 타고 있다.통계청, 2020 이 같은 현상은 자연스럽게 일자리가 사라지는 직업군을 만들고 비정규직 고용의 확대를 불러일으키며 동시에 새로운 근무형태를 조성한다. 다시 말해 실업과 소득 감소의 위험으로부터 국민을 보호할 수 있도록 고용 안전망의 강화가 필요한 시점이다.고용노동부, 2020

'비대면 초연결 시대'는 고용시장 외에도 사회보장체계의 부정합성, 노동 없는 미래사회 등의 문제를 고민하게 한다. 아울러 4차 산업형 공유부지식·기술·데이터에서 발생한 수익를 통한 부의 쏠림 등 포스트 코로나 시대에 선제 대응하는 측면에서 기본소득 도입 필요성이 대두됐다. 기본소득 이슈는 '망상', '이상주의', '포퓰리즘' 등의 온갖 공격을 받았지만 2020년 코로나19로 인한 위기에서 1·2차 재난기본소득은 명확한 경제·사회적 효과를 입증했다. 국민들의 기본소득에 대한 인식이 놀라울 정도로 변화했고 소극적이던 정치권의 태도도 달라졌다. 사회보장과 기본소득의 논쟁에서 선별성과 보편성에 대한 접근은 평행선을 달리겠지만 이 두 정책 모두 최저생활을 보장하고자 하는 지향점은 일치한다.

기본소득을 처음 주창한 판파레이스는 '자산조사나 근로조건 없이 모든 구성원이 개인 단위로 국가로부터 받는 소득'이라고 못 박았다.van Parijs, 2006 기본소득의 사상·이론·정책을 연구하고 널리 알리는 활동단체 빈크BINK·2020에서도 기본소득은 '국가 또는 지방자치단체정치공동체가 모든 구성원 개개인에게 아무 조건 없이 정기적으로 지급하는 소득'이라고 정의했다. 기본소득을 사회복지의 넓은 개념으로 설명한다면 '보편적·포용적 복지'라고 할 수 있다. 로버트 로마니신Robert Romanyshyn·1971의 견해처럼 소극적 복지와 적극적 복지의 관점으로 구분할 경우 기본소득은 사회복지의 적극적 복지로 이해할 수 있다.

기본소득이 지향하는 최종 목표는 모든 사람에게 진정한 자유를 보장하는 데 있다.Van Parijs, 2016; Offe, 1997, 2000; Standing; 2002, 2014 따라서 기본소득 이념의 핵심요소는 '보편성', '무조건성', '충분성'이 된다.

보편성-무조건성-충분성

기본소득의 '보편성'은 모든 국민을 적용대상으로 한다. 임금노동wage labor으로부터 진정한 자유가 보장된다는 데 방점을 둔다. 기본소득의 '무조건성'이란 수급자격을 시민권 기반으로 두기에 남녀노소 모든 사람에게 주어지며 자산·기여·필요·노동능력·근로동기 등 어떤 조건도 고려하지 않는다. 기본소득은 '충분성'을 지향하기도 한다. 기본소득의 급여 수준은 최저생활을 보장하고 임금소득을 대체할 만큼 충분해야 한다는 의미다. 이외 기본소득은 평생에 걸쳐 정기적으로 매월 현금을 지급하는 게 원칙이다. 종합하면 기본소득의 이념형은 보편적으로 모든 시민에게 조건 없이 최저생계를 충분히 보장해주는 것이다.김교성, 2009; 강남훈, 2013; 석재은, 2018

 기본소득이 인간과 사회에 끼칠 장점은 크게 다섯 가지로 나뉜다. 첫째 모든 사람에게 진정한 자유를 보장하고, 둘째 기존 사회보장의 한계를 보완하며, 셋째 젠더성별간 불평등을 완화할 수 있다. 넷째 사람들이 사회적으로 의미 있는 일을 하게끔 장려하게되고, 다섯째 인지 자본주의 차원에서 '부의 쏠림'을 현명하게 제어하는 새로운 대안으로 떠오를 수 있다.

 기본소득은 곧 인간 본연의 자유 의지 회복이다. 노동이나 자산조사를 조건으로 하지 않기 때문에 노동자는 일자리를 선택할 때자신의 의지와 상관없이 가장 취약한 노동시장에 뛰어들 필요성이사라진다. 먹고 살기 위해 하기 싫은 일을 억지로 하지 않아도 된다는 뜻이다. 이렇게 되면 가치 없고 형편없는 일자리의 팽창이 멈춘다.석재은, 2018 흔히 말하는 양질의 일자리만 남게 되는 식이다. 기본소득이 보장된다면 임금노동wage labor 중심의 분배방식이 시민권citizenship 중심의 분배방식으로 변화하기 때문이다. 노동자에게는 인간의 가치, 인간노동의 가치를 제고하는 노동계약이 제공됨으로써 노동과 여가를 조화롭게 영위할 수 있다.Offe, 1997; 2000

기본소득은 기존 사회보장의 한계성도 보완한다. 산업 사회는 '대량 생산과 대량 소비'의 포디즘 체제Fordism regime였다. 이 안에서 사회보험은 임금노동에 기반을 둔 사회보장체계이다 보니 불안정 노동이 증가하는 상황에서는 광범위한 사회보장 사각지대를 사회안전망으로 해결하기에 역부족이었다. 이런 한계성을 기본소득은 보완할 수 있다. 이를 통하면 소득상실, 빈곤, 불평 해소에 크게 도움이 될 전망이다.

기본소득은 젠더 불평등 완화 가능성을 엿보인다는 점에서도 주목해볼 만하다.김혜연, 2014 가사노동·돌봄노동 등 무급노동unpaid free labor에 대한 사회적 보상의 역할을 기본소득이 맡게 되면서다. 여성 권리 옹호자인 메리 울스톤크래프트1792는 여성 시민권과 완전한 지위를 획득하기 위해서 결혼 여부와 무관한 경제적 독립을 주장했다. 기본소득은 모든 여성에게 평생 경제적 독립성을 제공하기에 다수의 페미니스트가 기본소득 도입을 지지하고 있다. 페이트만Pateman은 기본소득에 관심을 두는 이유로 탈 상품화decommodification를 통해 모든 사람에게 실질적 자율성autonomy·자치self-government·시민권이 보장되는 민주화democracy가 촉진된다고 설명했다. 페이트만은 특히 여성들의 자유를 증진시키는 잠재력을 강조했다.여성문화이론연구소, 2015 일각에서는 기본소득이 성별 노동 분업을 강화하고 열등 시민으로서의 여성 지위를 고착화하며 여성의 자유에 대한 기존 제약을 재강화한다고 비판한다.Pateman, 2006; 박이은실, 2014; 김교성, 2017 이런 우려에도 기본소득은 노동시장에서의 성性격차를 해소하고 여성의 경제적 독립과 협상력을 높여 줄 잠재적 힘을 갖고 있는 점만은 틀림없다는 진단이다.

기본소득은 시장가치와 관계없이 사회적으로 의미 있고 가치 있는 일을 장려할 수 있다.Atkinson, 2006; Standing, 2002 앳킨슨은 자산조사 없이 유급 및 무급의 생산, 재생산, 유익한 활동에 참여하는 모든 사람에게 참여소득participation income이라는 수당을 지급할 걸 제안했다.석재은, 2018 하고 싶은 일과 의미 있는 일을 하라는 것이다. 일은 임금노동을 넘어 우리 삶을 더 나은 방향으로 이끌어 줄 수 있다. 따라서 사람들이 스스로 삶을 통제하며 살아가고 있다고 느낄 수 있도록 장려하는 것이 기본소득이다. 기본소득이 보장되면 개인이 생활과 시간을 스스로 통제하며 삶의 가치와 의미를 찾는 데 더욱 골몰하게 되는 건강한 생태계를 조성할 수 있다.

끝으로 기본소득은 인지 자본주의 차원에서 '부의 쏠림과 분배'라는 난제를 풀 새로운 대안으로 떠오른다.Lucarelli & Fumagalli, 2008; 조정환, 2010; 안현효, 2012; 김종규, 2017 인지 자본주의는 단순하고 반복적인 과업이 아닌 고등 과업을 주문하는 것이 특징 중 하나다. 세계적인 ICT 다국적기업인 구글·아마존·페이스북·애플 등의 디지털 독점 기업들이 일반 수요자의 빅데이터에 기반해 부를 축적하고 있는 현상이 대표적이다. 문제는 디지털을 사용하는 이들 기업이 고용은 늘리지 않고 혜택을 누리는만큼 세금도 제대로 내지 않는다는 데 있다.

이들이 이끄는 인지 자본주의 노동시장은 1차적 분배구조, 복지국가의 재분배 시스템을 모두 왜곡시킬 수 있다. 4차 산업에서의 노동의미는 기존 고용주와의 관계사용종속관계에 대한 회피전략이 강화됨을 알 수 있다.

전통적인 고용 관계가 붕괴하고 비정규직 노동의 증가와 사회보장제도의 사각지대가 확산할 우려를 높인다. 이 지점에서 4차 산업혁명이 낳은 공유부를 통해 축적되는 부의 쏠림을 '공유부 배당 기본소득'이라는 신개념의 카드로 해결할 수 있다면 바랄 나위가 없다. 공유부 배당은 4차 산업혁명 시대에 발맞춘 보편적 기본소득 재원 마련의 핵심 축이라는 점에서 매우 중요하다. 나아가 양극화와 불평등 심화를 해소하는 분배 정의 관점에서도 새로운 대안이 될 수 있다.서정희, 백승호, 2017; 최현수, 오미애, 2017.

<표2> 기본소득의 정의 및 잠재 포용성

요소		내용
정의	최종목표	모든 사람에게 탈 상품화를 통해 진정한 자유를 보장
이념	최종이념	모든 시민에게 조건 없이 최저생계보장 급여 수준 이상의 충분한 기본소득을 보장
핵심	적용범위(보편성)	모든 시민(all)
	수급자격(무조건성)	남녀노소 모두에게 자산조사 및 조건 없이
	급여수준(충분성)	생계급여 이상, 최저생활보장 수준
	급여기간	평생
	급여방식	매월
	급여형태	현금
잠재적 포용성	진정한 자유를 보장	
	기존 사회보장의 한계성을 보완	
	무급노동(unpaid free labor)에 대한 사회적 보상의 역할 및 젠더 불평등 완화 가능성	
	사회적으로 의미 있고 가치 있는 일을 장려	
	인지 자본주의 차원과 공유부 배당으로 인한 분배의 정의에서 새로운 대안	

이렇게 기본소득의 개념은 새 시대의 사회문제를 포용할 만한 무한한 잠재력을 가리키고 있다. 그렇다고 마냥 이상적인 것만은 아니다. 기본소득을 둘러싼 반대 의견은 근로 의욕 저해, 재원조 달세금부담의 어려움, 이민자와 난민에 대한 사회적 부담 증가 등이 중심이다.Van Parijs, 2006 기본소득이 복지국가에서 획득해 온 사회보장 성과를 해체할 수 있다는 점에서도 우려와 반발이 심각하다.Esping-Anderson, 2002 기본소득이 복지국가 성과를 완전히 대체하기 어려움에도 대체하는 방식으로 이용돼 오히려 그동안 이룩해놓은 복지국가의 성과를 축소할 수 있다는 견해도 있다. 경제

협력개발기구OECD·2017는 '정책 선택사항으로서의 기본소득Basic Income as a policy option'이라는 연구보고서에서 프랑스·이탈리아·영국·핀란드 등 4개국을 대상으로 복지혜택을 대체하는 방식으로 기본소득을 도입할 경우의 경제적 효과를 시뮬레이션모의실험 분석했다. 그 결과 모든 국민에게 같은 기본소득을 배분할 때 선진국에서는 빈곤층을 줄이지 못하면서 모든 계층의 세금부담은 훨씬 커지는 것으로 보고됐다.

특히 한국 사회와 같이 복지국가 체제가 공고하지 않은 상태에서는 기본소득 도입이 기존의 복지성과를 해체할 가능성이 더 커지는 것으로 알려졌다. 긍정보다는 부정적 파급효과에 대한 우려의 목소리가 존재할 수밖에 없다.양재진, 2017; 윤홍식, 2017 기본소득 연구가 단순한 문헌을 넘어 국내외 실험 및 재정 마련 등과 관련해 더 깊게 탐색돼야 하는 이유다.

기본소득에 관한 논의와 연구 역사 (외국)

역사적으로 살펴볼 때 기본소득은 16세기 영국의 참혹한 실상을 고발하고 대안을 마련하는 차원에서 '유토피아'를 작성한 토머스 모어1478~1535의 개념에 기원을 두고 있다. 이후 토마스 페인1737~1809은 기본소득을 모두의 정당 권리라는 주장으로 아이디어를 제공했다.Van Parijs, 1995; 서정희, 2017; 안효상, 2017.

땅은 자연상태에서 인류 공동의 재산이기에 땅을 소유하고 경작하는 것은 개인이 할 수 있지만, 토지에 기초지대ground rent는 공동체에 빚진 셈이기에 기초지대ground rent의 세금을 걷어서 21살이 되었을 때는 한번, 50살 때부터는 매년 모든 사람에게 나눠줘야 한다.Agrarian Justice, 1796; 김찬휘, 2020 인용

버트런드 러셀1872~1970은 기본소득을 '자유로 가는 길'이라고 했고 제임스 미드1907~1995는 '사회배당'으로 표현했다. 이는 자본과 노동 사이의 협력과 공적 자산에 의해 기금이 마련된 사회배당이 실업과 빈곤 문제에 대한 해법이라는 의미를 담는다.곽노완, 2017; BIKN, 2020

마틴 루터킹 주니어1929~1968는 '빈곤을 해결하는 가장 쉬운 방법은 기본소득 보장'이라고 확신했다. 그는 "경제적 안정감이 퍼지면 심리적으로도 변화가 일어날 것"이라고 외쳤다. 그는 인종차별 없이 모두에게 노동과 무관한 연간 1600달러의 기본소득을 주장했으나 '일하지 않은 자 먹지도 말라'는 미국 주류 노동관에 의해 무시되기 일쑤였다.손제민, 2013; 김찬휘, 2020

이후 밀턴 프리드먼1962이 '자본주의와 자유Capitalism and Freedom'를 통해 주장한 부의 소득세Negative Income Tax, 리처드 닉슨 대통령

1969년의 부의 소득세NIT 등 기본소득 아이디어는 계속 제안돼 왔지만 신자유주의 개혁이 전개되면서 더 이상 발전하지 못했다.

기본소득에 관한 연구가 본격화된 것은 1986년 벨기에 루뱅대학에서 '기본소득'L'allocation Universselle; Basic Income이라는 논문이 발표되고 '기본소득 유럽네트워크'BIEN: Basic Income European Network라는 조직이 설립되면서다. 이 조직은 2004년 이후 '사회배당'National, Teritorial or Social Dividend, '보장소득'GuaranteedIncome, '시민소득'Citizen's Income, '보편적 보조금'Universal Grant, '사회수당'SocialAllowance, '연간 보장소득'Guaranteed Annual Income, '국가 보너스'State Bonus 등 다양한 이름으로 불리면서 2010년 이후 유럽과 북미를 넘어 전 세계 다양한 지역에서 관심을 이끌어냈다.Raventós, 2016, Widerquist, 2017

미국의 노벨 경제학자인 허버트 사이먼의 경우 사회적·인공적으로 계속 생성되는 공유부를 공식화하면서 기름을 부었다. 공유부란 특정계층만 소유하는 부가 아닌 모두의 부를 일컫는데 토마스 페인이 자연적 공유자산토지·천연자원 등을 공유부로 규정했다면 허버트 사이먼은 사회적 자본의 공유부를 들고 나와 공감대를 형성했다.

소득의 차이는 축적된 지식, 친족 관계, 특권적 사회관계와 같은 '사회적 자본'의 차이에서 기인한다. 하지만 이 자본에 대한 접근권은 전적으로 비대칭적이며 90% 이상의 외부성이 존재한다. 도덕적 관점에서 볼 때 소득의 90%를 소득세로 내라고 주장할 수 있다. 미국에서 70%의 정률세만 거둬도 정부의 모든 프로그램을 진행하면서 동시에 모든 주민에게 연간 8,000달러의 기본 소득을 주어야 한다.강남훈, 2016; 김찬휘, 2020 인용

　사회적 자본은 개인의 노력보다 환경의 조성을 중요하게 여긴다. 지식·친족 관계·특권적 사회관계는 신뢰·네트워크·규범·제도로 상호 긴밀하게 연결돼 있는데 관계의 조성 80% 이상이 개인 노력보다 환경에 영향을 받는다는 것이다. 즉 소득 차이의 원인은 환경에 의한 사회적 자본이기에 100% 개인의 소유가 아니라는 결론에 도달한다. 토마스 페인과 허버트 사이먼이 공유부는 '모두의 권리'라고 정의한 배경이다. 최근 4차 산업혁명과 인공지능 시대를 맞아 인공적 공유자산으로 공유부의 개념이 새롭게 논의되고 있는데 이 식이라면 지식·기술 데이터·인공지능의 노동 등이 우리 모두의 공유자산이 될 수 있다. 그로부터 발생한 소득에 대해 '우리가 모두 1/n의 권리가 있다'는 뜻이다.강남훈, 2016; 이재명, 2020; 이원재, 2020; 남기업, 2020; 유영성, 2020

　마틴 루터 킹 주니어의 정신을 이어받은 버락 오바마 전 미국 대통령은 인공지능 발전에 따른 일자리 급감을 경고하며 미국의 새로운 분배 체계에 대해 논의했다. 그는 변화에 대처하기 위해 기본소득에 대한 사회적 합의가 필요하다고 설득했다.변재현, 2016

미국 민주당 대선후보 경선 주자였던 앤드류 양도 경선 당시 산업의 구조적 변화에 대응하기 위한 대안으로 기본소득 공약을 내세웠다. 그는 경선 무대에서 퇴장했지만 코로나19 이후 새롭게 주목을 받았다. 세계적인 다국적기업인 페이스북의 마크 저커버그2017와 테슬라의 일론 머스크2018도 보편적 기본소득을 적극 지지하고 있다.

〈표3〉 국외 기본소득 논의 및 선행연구

저자	논의 내용
토머스 모어(1516)	'유토피아'를 통한 기본소득의 기원
토마스 페인(1797)	'토지의 공통부'를 통해 모두의 정당 권리라는 주장으로 기본소득 아이디어 제공
버드런드 러셀	'자유로 가는 길'
제임스 미드()	'사회배당'이 실업과 빈곤 문제에 대한 해법으로 제시
마틴 루터킹(1967)	빈곤을 해결하는 가장 쉬운 방법
밀턴 프리드먼(1962)	'자본주의와 자유(Capitalism and Freedom)'에서 주장한 부의 소득세
닉슨 대통령(1969년)	부의 소득세(NIT) 등 기본소득 아이디어는 계속 제안되었지만
루뱅대학	'기본소득(L'allocation Universselle; Basic Income)'이라는 논문 발표
기본소득 유럽네트워크	유럽과 북미를 넘어 전 세계의 다양한 지역에서 기본소득에 관한 관심
허버트 사이먼(2000)	사회적, 인공적으로 계속 생성되는 공통부(commons)를 공식화
버락 오바마	일자리 급감을 경고하며 새로운 미국에 새로운 분배 체계에 대한 논의
앤드루 양	산업의 구조적 변화에 대응하기 위한 대안
마크 저커버그(2017)	보편적 기본소득 같은 것을 시도하여 모든 사람이 새로운 것을 시도할 수 있는 완충장치를 제공
일론 머스크(2018)	인공지능이 인간의 일을 맡게 되면 보편적 기본소득

기본소득에 관한 논의와 연구 역사 (한국)

한국에서는 코로나19로 인한 재난기금 지급 이후 기본소득에 대한 논의가 급물살을 타고 있다. 우리나라의 기본소득에 대한 학술적 논의는 세 시기로 구분해 전개됐다. 첫 번째 물결은 2000년대 초반이다.윤정향, 2002; 성은미, 2003; 윤도현, 2003 당시 제안은 1997년 경제위기를 겪은 뒤 드러난 노동시장의 '불안정성'에 대한 대안으로 기본소득 아이디어를 소개하는 수준에 머물렀다. 기본소득은 현실 세계와 동떨어진 하나의 몽상가적 제안 정도로 취급받았고 2000년대 중후반까지 관련 논문들이 간헐적으로 발표되는 수준이었다.이명현, 2006; 2007; 박홍규, 2008 등

그러다 2010년을 전후해 두 번째 물결이 잔잔하게 인다. 기본소득 학술 및 모임의 구상 논쟁이 경제학·여성학·철학 분야의 학자 중심으로 진행됐다. 학술 논의의 핵심은 도덕적·철학적·탈노동·소득 재분배와 같이 기본소득이 불러올 사회경제 효과에 맞춰졌다. 아울러 근로 동기, 인플레이션 문제 등 기본소득이 도입될 시 발생할 수 있는 사회·경제적 파급효과에 대한 논의들도 일부 포함됐다.강남훈 외, 2009; 강남훈, 2010 그러나 이 물결은 기본소득 반대 논리들에 소극적으로 대응하는 성격이 컸고 본격적인 논쟁으로 전개되지 못했다. 노동 중심 급진 좌파의 관점에서는 일부 이념적 비판이 제기되는 상황이었다. 기본소득이 '탈노동' 혹은 노동 거부의 관점에서 노동과 연계되지 않아 노동해방을 가능하게 하지 않을

것이라는 우려가 존재했다.박석삼, 2010

　세 번째 물결은 2016년 이후 찾아들었다. 기본소득의 찬반 논쟁이 본격화한 시기다. 이때 논쟁이 구체화한 이유는 대중적 관심이 확산한 결과라고 할 수 있다. 동시에 서비스 경제로의 산업구조 변화와 그로 인한 표준 고용 관계의 해체, 불안정노동의 일상화, 빈곤·불평등 및 양극화의 심화, 4차 산업혁명에 대한 위기의식 등 사회·경제적 변화가 불러올 일상화된 삶의 '불안정성'이 시민들의 관심을 촉발시켰다. 무엇보다 노동시장의 불안정성이 확대되고 기계가 일자리를 대체할지 모른다는 불안감이 확산하면서 전통적 사회보장제도는 비판받고 새로운 사회보장제도에 눈길이 쏠리게 됐다.김교성, 2016 물론 기본소득이 이런 위험들을 모두 해결할 '만병통치약'은 아니지만 그 역할에 기대감이 높아지고 있음을 보여주는 현상이라는 점에서 의미 있다. 때마침 서울시와 성남시에서 기본소득 원리를 반영한 형태의 청년 정책들이 실시돼 보다 현실적인 논쟁의 장으로 끌어왔다.

　기본소득의 파고는 2020년 9월 유력 대선후보들이 기본소득 혹은 유사한 제도를 제안하거나 언급하면서 더욱 거세졌다. 이제 우리 사회에서 기본소득은 본격적이고 중요한 논쟁거리 중 하나로 자리 잡는 데 성공했다는 평가다.

기본소득에 대한 구상 및 실험연구 (외국)

2016년 스위스는 '성인에게 월 2500프랑약 300만원, 18세 이하 미성년자에게 650프랑약 80만원'의 금액을 '전 국민에게 조건 없이 지급하기 위한 법 개정'에 들어갔다. 연방정부와 의회에서는 2년여간 안건을 검토한 뒤 10만명 이상을 대상으로 국민투표에 부쳤다. 투표 결과 유권자의 77%가 기본소득 안에 반대했고 찬성은 23%에 그쳤다. 반대의 주된 이유는 지급액과 기간, 지급대상, 재원 등 기본소득 지급안이 너무 불확실했다는 점이다. 스위스는 12개월 이상 세금을 꾸준히 내기만 하면 실직 후 2년간 월급의 70~80%에 이르는 수당을 받을 수 있는 복지제도가 잘 구축돼 있기에 기존의 풍족한 복지제도를 포기할 만큼 기본소득이 매력적이지 않았던 영향도 있다.윤홍식, 2016; 홍남영, 2016; 장인호, 2017; 서정희, 2017; 석재은, 2018

프랑스2017는 기존 복지제도가 가지는 만성적 문제에 봉착하자 2012년 선거와 2017년 대선·하원의원 선거에서 기본소득을 주요 이슈로 꺼내 치열한 논쟁을 벌였다. 사회당 대선후보 아몽은 소득불균형과 실업 문제를 해결하기 위해 18세 이상 국민에게 매달 750유로약 100만원 상당의 기본소득을 지급하겠다고 공약했다. 기본소득의 수준은 빈곤선의 82.5 수준의 현금이었다.박성진, 2017

미국 오클랜드2017의 비영리 단체에서는 캘리포니아주 오클랜드시에 거주하는 100가구를 선정해 3~5년간 1000명의 저소득층과 중산층 집단에게 1000달러를 주고 2000명의 통제 집단에게는 50달러를 제공하는 방식으로 비교·실험을 벌였다. AI와 로봇, 컴퓨터의 급속한 발전 등이 일자리를 위협하자 부富를 재분배하자는 차원에서 기본소득을 구상하고 실험하려는 의도였다.이다비, 2017 미국 알래스카주의 경우1974 영주권을 가지고 1년 이상 알래스카에 거주하면 연령·성별·임금소득과 관계없이 배당금을 지급한다. 알래스카주가 시민들에게 배당금을 나눠줄 수 있는 이유는 원유생산에서 발생한 수익에 대해 '공유자원에 대한 권리가 시민에게 주어야 한다'는 기본소득의 이념을 적용한 덕이다. 알래스카주는 석유에서 나오는 수입의 '4분의 1' 이상을 영구기금으로 적립했고 배당금은 기금 운용 상황에 따라 변동시켜 5년간의 평균 수익으로 계산해 매년 다르게 지급했다. 배당금은 2014년 1884달러약 214만원, 2015년 2072달러약 235만원, 2016년 1022달러약 116만원 등이었다.김윤진, 2016

캐나다 온타리오주2017는 해밀턴·린지·선더베이 등 3개 도시의 18~64세 주민을 무작위로 선정해 1인당 1년에 1만6989캐나다달러약 1410만원의 기본소득을 지급했다. 캐나다 온타리오주의 기본소득에는 특징이 있다. 기존 지급한 아동수당과 장애수당은 기본소득과 관계없이 계속 받을 수 있으나 고용보험과 공적연금 수혜자는 해당 금액만큼 기본소득을 덜 지급하는 것이다. 온타리오주가 이 같은 기본소득을 구상하고 실험한 까닭은 빈곤을 퇴치하기 위함이다. 온타리오주에는 캐나다 전체 인구 3650만명 가운데 38%에 달하는 인구가 살고 있으나 이중 13%의 주민이 빈곤선 이하에서 생활하고 있는 것으로 집계됐다.김효진, 2017

네덜란드2018 유트레흐트시는 기존 복지체계가 노동 의욕을 훼손하고 있다는 문제점을 해결하기 위한 대안으로 기본소득을 실험했다. 실업자 250명을 3개 실험집단으로 나눠 2년간 960유로약 120만원를 정액 급여로 지급하고 근로 의욕 및 복지효과를 관찰했다. 3개 실험집단의 유형은 1)실업자가 사회참여를 하지 않아도 통제를 받지 않는 집단 2)기본소득을 받으면서도 사회참여 활동을 하면 125유로를 추가로 받는 집단 3)기본소득을 받으면서도 취직할 경우 사회보장급여 외에 자기 소득의 50%를 추가로 받는 집단으로 구분했다.

핀란드는 타 국가와는 다르게 국가 차원에서 기본소득을 실험했다. 핀란드 정부도 네덜란드와 마찬가지로 실업급여가 저소득 일자리 임금보다 높아 구직을 포기하는 실업자들이 급증하면서 이를 해결하기 위한 대안으로 실업급여 대신 기본소득을 구상했다. 핀란드는 실업급여를 받는 25~58세 사이 2000명을 무작위 추출해 560유로약 70만원씩 아무 조건 없이 기본소득을 제공했다. 실험 동안에는 다른 소득이 생기더라도 감액하지 않고 온전히 기본소득을 지급한 것이 특이한 점이다.

국내 기본소득 구상 및 실험연구 (한국)

한국의 기본소득 구상 및 실험연구의 첫 사례는 2016년 성남시 청년 배당과 서울 청년수당이 꼽힌다. 서울시의 청년수당이 실험적으로 연구된 배경은 청년실업률이 12.5%_{2016년 2월 기준}로 IMF 이후 최고치를 기록하는 가운데 서울시 20대 청년 144만명 중 장기 미취업·불안정고용 등 '사회 밖' 청년이 50만명에 이르는 상황을 간과할 수 없었기 때문이다. 청년들의 어려움에 대한 긴급 처방으로 진행된 서울시 청년수당은 1년 이상 서울에 거주하고 있던 만 19~29세 청년_{근무시간 30시간 미만} 가운데 가구소득·미취업기간·부양가족수 등을 기준으로 별도의 선정심사위원회에서 대상자를 선정한 뒤 6개월 범위에서 월 50만원의 활동지원금을 줘 구직 등 청년들의 사회진출을 지원한 프로젝트였다._{서울시, 2018}

경기도는 출발, 도전, 도약의 과정을 거치며 체계적으로 기본소득을 도입했다. 경기도의 기본소득 구상 및 실현 연구로는 2016년 성남 청년 배당과 2018년 경기도 청년 기본소득이 첫 출발점으로 꼽힌다. 경기도는 만 24세 청년 15만명_{2020년 기준}에게 1인당 연 100만원 상당의 지역 화폐를 현금 대신 지급했다. 경기도는 청년의 사회적 기본권 실현 및 삶의 긍정적 변화를 꾀하기 위한 목적으로 1506억원의 예산을 지출했다._{경기도, 2019} 이후 청년 기본소득의 만족감은 2020년 기준 청년 기본소득 1분기_{1~3월} 80.6%에서 3분기_{7월~9월} 82.7%로 약 2.1% 증가했다. 삶의 긍정적 변화에서도 1

분기1~3월 60.3%에서 3분기7월~9월 65.4%로 짧은 기간 약 5.1%나 높아지는 변화를 나타냈다. 삶의 긍정적 변화 요인을 살펴보면 기본소득이 자기계발시도 비용으로 사용됐고30.4% 여행이나 여가를 즐길 수 있는 여유가 생겨서 좋았다9.9%는 조사 결과가 나와 긍정적이었다. 이는 경기도가 청년 기본소득을 실험적으로 추진한 목적과 방향에 부합해 유의미하다는 평가다.케이스탯리서치, 2020

경기도는 여기서 멈추지 않고 보다 과감한 도전으로 재난 기본소득을 확장시켰다. 2020년 3월 세계보건기구WHO의 코로나19 팬데믹 선언 이후 전국 지자체가 일괄 긴급재난기금 정책을 시행했지만 경기도의 재난 기본소득에 특별한 의미가 부여되는 건 '내 삶을 책임지는 대한민국 미래 설계도'라는 지속 가능한 로드맵을 담고 있기 때문이다. 경기도 로드맵에는 첫째 헌법적 권리인 인간다운 삶을 보장하는 성격이 크다. 둘째 4차 산업혁명 시대의 일자리 감소 대응 방안 모색과 조세의 저항을 최소화한 접근이다. 셋째 대상을 도민 모두로 과감하게 확장했으며 이후 재원 마련을 위한 대책으로 공통부인 기본소득형 국토 보유세를 마련하려는 치밀한 계획을 세웠다. 넷째 복지정책을 넘어 경제 방역에 따른 소비 역량 강화로 소비와 생산, 투자가 증가되고 고용이 촉진될 것이라는 청사진이다. 이를 통해 경기도는 소득과 소비증가의 선순환인 분수효과를 기대하고 있다.김재용, 2020

경기도 기본소득은 현재 진행형이다. 청년 기본소득, 재난 기본소득의 성공을 넘어 농촌 기본소득의 실험을 계획하고 있다. 경기도의 농촌 기본소득은 국내 첫 기본소득 실증실험이라는 점에서 의의를 지닌다. 농촌 기본소득의 추진 목표는 '농민의 기본권을 보장하고 농민을 보호하는 정책'으로, 농촌 지역의 소멸 예방과 사회적 활력을 높이기 위함이다. 경기도는 관할 농촌 중 실험 지역을 선정한 후 그곳에 거주하고 있는 주민 모두에게 기본소득을 지급하고 6개월 뒤 효과성을 분석해 정부 정책을 제안할 예정이다.경기도, 2020 농촌 기본소득에 대한 도민 저항과 민감성 예방을 위해 재정에 부담을 주지 않는 수준에서 소액으로 시작한 후 증세를 통한 기본소득 확대에 국민이 동의할 때 비로소 증세로 점차 금액을 늘리는 순차 도입을 모색 중이다. 경기도는 기본소득의 단계별 접근이 복지제도와 조화를 이루면서 기존 사회안전망의 사각지대를 보완해 불평등을 개선할 수 있는 효과적인 대안으로 생각하고 있다.

지속 가능한 기본소득을 위한 재원 마련

현 시점에서의 기본소득은 새로운 사회적 위험에 처했을 때 기존 사회안전망의 한계성을 보완하거나 대체하는 측면이 강하다. 따라서 많은 토론과 연구, 다양한 관점에서 사회 위험에 대응할 수 있는 사회안전망을 제시하고 이를 추진할 정치인들이 적극 나서 공론의 장에서 바람몰이를 해야만 가능하다. 나아가 기본소득제의 실현을 위해서는 '보편성', '무조건성', '충분성'을 담보할 실천적 재원조달이 무엇보다 중요하다. 논의의 쟁점화와 공론화 과정에서는 국민 인식과 참여 및 합의가 형성돼야 한다.

즉 민심국민 여론·국민적 동의을 얻는 것이 관건인데 풀어야 한 과제는 크게 세 가지로 볼 수 있다. 기본소득 옹호론자들은 역사에 없던 가장 광범위한 지원 프로젝트를 완성시키기 위해 '기존 복지서비스는 어떤 것을 대체할지, 이주민과 임시거주자들에게까지 확대될지, 어떻게 자금을 조달할지' 등의 여부를 꼼꼼히 따지고 해법을 제시해야 한다.

이 지점에서 사람들이 제일 궁금해 하는 부분은 뭐니 뭐니 해도 머니재원 마련이다. 엄청난 세금이 지속적으로 투입돼야 하기 때문이다. 전문가들은 재원 마련에 대한 해결책도 상당부분 4차 산업혁명 시대에서 찾고 있다.

전기자동차회사 테슬라의 공동 설립자 겸 최고경영자CEO인 일론 머스크는 "컴퓨터, 지능형 기계, 로봇은 미래의 노동력처럼 보인다. 그리고 점점 더 많은 일자리가 기술로 대체됨에 따라 사람들은 할 일이 줄어들 것이고 궁극적으로 정부로부터의 지불에 의해 유지될 것"이라고 했다. 그가 언급한 '정부로부터의 지불'은 세금세수을 의미한다. 그런데 사람들이 단계적으로 퇴출되고 그 자리를 로봇이 대체한다면 각 나라 정부는 세금 징수에 심각한 우려를 가지지 않을 수 없다. 미국의 경우 폐업과 함께 세수가 급감하고 신규 실업자 계층에서 소득이 손실되는 등 벌써부터 많은 도시가 재정난에 시달리고 있다.

이 부족분을 보충하기 위해 기존에 없던 세금이 등장하게 된다. 마이크로소프트 창업자이자 자선가인 억만장자 빌 게이츠는 일찍이 로봇세로봇에 대한 세금를 들고 나왔다. 로봇의 노동으로 생산하는 경제적 가치에 부과하는 세금이 로봇세이다. 게이츠는 "지금 당장 공장에서 5만달러 상당의 일을 하는 인간 노동자는 소득에 세금이 부과되고 소득세·사회보장세 등을 받게 된다"며 "로봇이 같은 일을 하기 위해 들어온다면 비슷한 수준으로 세금을 부과할 수 있다는 생각"이라고 말했다.

비슷한 맥락에서 구글·아마존·페이스북 등 모바일 플랫폼 기업의 자국 내 디지털 매출에 법인세와는 별도로 부과하는 세금인 디지털세도 있다. 디지털세는 법인이나 서버 운영 여부와 관련 없이 매출이 생긴 지역에 세금을 내도록 하는 것이 특징이다.

로봇세·디지털세 등은 기본소득을 실현할 핵심 재원이 될 수 있다는 점에서 눈여겨볼 만하다. 이를 바탕으로 증세가 이뤄지는 그림이 현재로서는 가장 타당하다는 분석이다.

그렇다면 막대한 세금을 내야 할 기업들의 입장은 어떨까. 4차 산업의 핵심 기지로 통하는 미국 실리콘밸리 회사들은 수입의 대부분을 세금으로 뺏길 우려에도 오히려 기본소득을 지지하고 나선다.

미국 최대 일간지 USA투데이는 "기본소득 지지 그룹에는 테슬라의 머스크, 스타트업 인큐베이터 Y 콤비네이터의 샘 알트먼 사장, 이베이 창업자 피에르 오미디야르 등 전 세계 서포터즈가 다수 포진해 있다"며 "마크 저커버그페이스북 CEO는 알래스카의 퍼머넌트 펀드에 관한 글에서 이 아이디어를 칭찬했다. 퍼머넌트 펀드는 알래스카의 석유 수입을 알래스카 사람들에게 현금 배당금으로 지급하는 정책"이라고 밝혔다.

미국 캘리포니아주 유력 신문 LA타임스에 따르면 정식 UBI 프로그램 기준으로 미국 성인 1인당 연간 최소 1만2000달러약 1365만원를 제공하려면 약 3조달러가 소요될 것으로 추정되는데 이는 2020년 연방정부 연 지출의 약 '3분의 2' 수준이라고 분석했다. 이를 토대로 새로운 4차 산업형 세금이 실리콘밸리의 거대 기업들로부터 대폭 추가된다면 전혀 실현 불가능한 얘기는 아니다.

영국의 주간 과학 저널인 네이처는 "머스크·저커버그 등 실리콘밸리 테크노라티 회원들이 UBI 아이디어를 적극 지지했다. 2020년 미국 민주당 대선 후보로 나섰던 앤드류 양은 UBI를 앞세워 큰 관심을 받았다"며 기본소득에 대한 정재계의 동향을 전하며 힘을 실었다. 기본소득지구네트워크 옹호 단체를 공동 설립한 런던 오리엔탈아프리카대학의 가이 스탠딩 이코노미스트는 네이처를 통해 "최근 자동화가 더 많은 일자리를 대체함에 따라 보편적 기본소득과 유사한 아이디어들이 경제사상에서 더 주류로 변모했다"고 의미를 부여했다.

제5장

기본소득에 관한
다양한 의견

'태세전환' 보수의 움직임

기본소득은 진보의 요구만은 아니다. 전통적인 보수 집단이나 정당에서도 주의 깊게 살펴보고 있다. 4차 산업혁명이 불러올 사회 구조적 변화는 피할 수 없는 시대적 흐름이기 때문이고 정치적으로는 여론 또한 의식하지 않을 수 없다.

코로나19 사태를 겪으며 기본소득을 단회긴급재난지원금으로 맛본 뒤 국민들의 인식은 크게 개선된 것으로 나타난다. 2020년 9월 민간연구소 랩LAB2050과 연세대 연구팀의 의뢰로 실시된 한국리서치 조사에서 참여자 57.8%가 기본소득제 도입에 찬성한다고 답했다.

분위기가 이렇자 대한민국 보수 대표 정당인 국민의힘이 기본소득을 논의하기 시작했다. 선두주자는 김종인 전 비상대책위원장 비대위원장이다. 그는 2020년 6월초 기자간담회 자리에서 기본소득 논의를 공식화했다. 김 위원장은 "인공지능 등 신기술이 사람을 대체하는 시대가 오면 고용 문제가 심각해지고 이것이 소비 위축으로 이어질 수 있기 때문에 소득 보장이 필요하다"고 운을 뗐다. 다만 "보편적 기본소득은 불가능하다"고 선을 긋고는 "고용되지 않은 사람들을 돕기 위한 발상이다. 어떤 재원으로 실현할지 검토 작업을 계속해나가야 한다"고 덧붙였다.

두 달 뒤인 8월 13일에는 기본소득 도입을 앞세운 국민의힘 새

정강·정책이 공개됐다. 언론 브리핑에 담긴 10대 기본정책 개정안은 △모두에게 열린 기회의 나라 △미래 변화를 선도하는 경제혁신 △약자와의 동행, 경제민주화 구현 △일하는 모두가 존중받는 사회 △국민과 함께하는 정치개혁 △모두를 위한 사법개혁 △깨끗한 지구, 지속가능한 대한민국 △내 삶이 자유로운 나라 △남녀모두가 행복한 양성평등 사회 △우리의 내일을 열어가는 외교·안보 등이다. 이중 '모두에게 열린 기회의 나라' 항목의 첫 정책이 기본소득이다. 국가는 국민 개인이 기본소득을 통해 안정적이고 자유로운 삶을 영위하도록 적극적으로 뒷받침해 4차 산업혁명 시대를 대비한다는 것이다. 이는 사회안전망 구축·4차 산업혁명 시대에 닥칠 일자리 고갈 등에 맞서 한국형 기본소득 도입이 필요하다는 김 위원장의 뜻과 궤를 같이 한다.

일각에서는 재원마련 등 구체적인 실행 방안이 없는데다 보편성·무조건성·충분성 등을 담보하는 기본소득 본래 취지와 맞지 않는 반쪽짜리 기본소득 도입안을 놓고 정치적 셈법에 의한 중도로의 확장이라는 분석이 제기되기도 하지만 핵심 보수 정치권에서 적극 나서 기본소득을 공론화하는 것만으로 장족의 발전을 이룬 것이라는 진단에 무게가 실린다.

기본소득을 도입하기 위해 한국의 보수가 넘어야 할 주된 과제는 증세다. 증세라면 손사래부터 칠 만큼 보수가 가장 꺼려하는 이슈이기 때문이다. 김 위원장은 '빵 사먹을 자유'라면서 기본소득을 의제로 제시했지만 구상 중인 기본소득의 대상층과 재원 마련 방안 등은 밝히지 않았다. 따라서 현재로서는 그야말로 검토 단계이고 모든 것이 모호하다. 김 위원장은 기존 복지를 축소해 재원을 마련하자는 주장에 대해 "턱도 안 되는 소리"라고 일축하면서도 "증세 문제를 함부로 할 수 없지만 증세 없는 복지를 할 수 있다고 생각하지는 않는다"고 못 박았다.

국민의힘 내에서는 다양한 의견들이 충돌하고 있다. 조해진 의원은 "저소득층을 위한 기본소득법을 조만간 발의할 것"이라고 힘을 실었고 장제원 의원은 사회관계망서비스SNS 페이스북에 "기존 복지체계 구조조정과 증세가 반드시 함께 논의되어야 한다"며 "청년층과 노인계층만 한다면 청년수당 확대나 기초노령연금 인상으로도 충분히 가능한 일"이라고 주장했다.

야권 잠룡 중 하나인 오세훈 신임 서울시장은 보다 구체적이다. 그는 기본소득의 한계점을 보완할 안심소득이라는 걸 들고 나왔다. 오 시장은 서울경제와 인터뷰에서 "이재명 경기도지사가 대선 후보가 되면 기본소득 이슈가 전면에 떠오르게 될 것"이라고 관측하며 "그러면 안심소득으로 정책 경쟁을 벌일 생각이다. 기본소득은 국민 전체에 똑같은 금액을 나눠주자는 것이지만 안심소득은 하위 50%에게만 선별적으로 혜택을 주자는 것이다. 이 지사는 연 30만원의 기본소득을 얘기하면서 우선 한 달에 2만~3만원을 주다가 종국적으로 월 50만원씩 연간 600만원을 주자는 것이다. 내년 예산이 550조원인데 종국적인 기본소득을 위해 300조원을 쓰자는 셈이다. 이는 거짓말이고 실현 불가능한 주장이다. 기본소득은 시작할 때는 금액이 적어 무의미하고 장기적으로는 금액이 너무 커 불가능하다. 반면 내가 말하는 안심소득은 중위소득을 정하고 혜택은 중위 이하만 받도록 하는 것이다. 중위소득은 2023년 4인 가족 연소득 6000만원에 한 달 500만원쯤 되는데 자기가 번 돈에서 중위소득을 비교해 부족한 만큼의 절반을 채워준다. 여기서 중요한 것은 하후상박의 혜택이 주어진다는 점이다. 그렇게 하면 돈 벌게 유인하는 효과가 매우 클 것"이라고 제안했다.

다시 말해 오세훈식 안심소득은 기본소득의 핵심인 보편성을 뺀, 굳이 이름 붙이자면 '선별적 기본소득'의 다른 말로 해석된다. 보수 진영의 일관된 의견상대적 빈곤선인 중위소득의 50% 이하 가구를 대상으로 소득을 보전해주는 방안 등과 다르지 않다.

반면 지난 대선에서 자유한국당국민의힘 전신 후보로 나섰던 홍준표 무소속 의원은 무조건 반대 의사를 명확히 했다. 그는 "사회주의 배급 제도를 실시하자는 것과 다름없다"며 "기본소득제가 실시되려면 세금이 파격적으로 인상되는 것을 국민이 수용해야 하고 지금의 복지체계를 전면적으로 재조정해야 한다. 현명한 스위스 국민이 왜 기본소득제를 국민 77%의 반대로 부결시켰는지 알아보고 주장하는지 안타깝다"고 피력했다.

안철수 국민의당 대표의 경우 "만 19~34살 청년에게 기본소득을 주자. 한국형 기본소득인 'K기본소득' 도입을 집중 검토하겠다"며 복지 욕구별·경제 상황별로 맞춤형 기본소득제가 필요하다는 입장을 밝혔다.

코로나19 사태를 겪으면서 우리만큼이나 기본소득 도입에 관심이 커진 미국에서는 보편적 기본소득UBI이 진보뿐만 아니라 보수 측에도 큰 도움을 줄 수 있다는 견해들이 속속 등장하고 있다. 미국 플로리다주 지역 일간지인 게인스빌 선의 마이클 스티븐스 칼럼니스트는 "UBI 지지자들은 주로 왼쪽진보진영에서 오지만 보수주의자들도 관심을 가져야 할 잠재적인 이점이 크다"며 특히 인구 이동의 관점에서 그렇다고 분석했다.

최소한의 소득을 보장하는 UBI가 궁극적으로 인구 이동을 막아 낙후된 지역의 경제 및 농촌 공동화 현상을 해결한다는 것이 스티븐스 칼럼니스트의 선견이다.

미국은 한국과 마찬가지로 정당 지지층이 지역에 따라 극명하게 엇갈린다. 인구가 많고 젊은 층이 모여 사는 대도시일수록 진보 성향이 강하다. 반면 농촌 지역으로 갈수록 대부분 보수 진영에 표를 던진다. 스티븐스 칼럼니스트는 미국의 최근 선거 결과를 담은 상세 지도를 펼치며 "도시는 자유주의와 동일하고 작은 마을과 시골은 보수와 같음을 복습하자"라고 상기했다.

즉 미국도 젊은 인구 이탈에 따른 농촌 공동화 및 지역 불균형이 커다란 사회 문제로 자리 잡은 지 오래인데 UBI가 도입되면 이런 현상이 전환점을 맞을 수 있다. 스티븐스는 "UBI는 젊은이들에게 고향에 머물 기회를 제공함으로써 지역 경제를 살리고 완전히 새로운 세대의 광장을 만드는 데 도움을 줄 것"이라고 확신했다. 아이들이 대도시로 떠나면 이들은 결국 자유주의자가 돼 진보진영에 서게 될 텐데 그걸 막아줄 것이 UBI이기 때문에 보수 쪽에 나쁘지 않은 일이라는 논리다. 즉 보수표 이탈을 막고 지역적 특성을 기반으로 잠재적인 보수 지지자들을 키워낼 수 있다. 또 그는 "UBI는 불만족스러운 도시민들잠재적인 보수주의자들이 주택 가격이 싼 시골 지역으로 이주하는 걸 장려할 것이다. 우리는 이미 코로나19가 강타한 이후 몇몇 사람들이 도시를 떠나는 것을 봤다"고도 했다.

아울러 '안정=보수, 변화=진보'라는 관념 하에 UBI로 인해 중산층과 노동자 계층은 수입이 더 안정적이라는 것을 알고 안심하면서 현 상황에 더 투자하게 되는 점, 이민에 대한 보수적인 태도를 강화한다는 점 등이 꼽혔다.

'물 들어올 때 노 젓다' 진보의 움직임

진보 진영인 더불어민주당·정의당 쪽에서는 기본소득을 긍정적으로 바라보고 있다. 증세 문제가 걸려있어 청와대 쪽에서는 중립 입장을 견지하는 모양새지만 진보 정치인들은 이참에 기본소득 이슈를 선점하기 위한 다양한 반응들을 내놓고 있다.

차기 대선주자 중 하나로 꼽히는 김부겸 더불어민주당 전 의원은 페이스북을 통해 "기본소득에는 진보적 버전 말고도 보수적 버전이 있다. 기존의 복지를 줄이고 국가를 축소해 그 재원으로 기본소득을 지원한 후 사회보장서비스를 시장에서 구매토록 하자는 발상"이라며 "기본소득 논의가 복지에 대한 국가의 책임을 건너뛰자는 주장으로 가서는 절대 안 된다"고 전했다. 이원욱 의원은 "표를 얻기 위한, 정당의 지지도를 높이기 위한 포퓰리즘이 아니라면 '기본소득 도입을 위한 여·야·정 추진위원회'를 만들어 논의하자"며 "기본소득 도입에 반드시 필요한 증세 문제를 공론화하고 사회적 합의를 도출해야 한다"는 글을 페이스북에 남겼다.

심상정 전 정의당 대표도 대환영이라는 입장이다. 그는 "실질적·물질적 자유 극대화 이야기에 기대가 크다"며 "보수당이 불평등 해소에 적극적으로 나서면 우리는 좋은 파트너가 될 것"이라고 거들었다.

기본소득은 주목받지 못하던 소수정당을 수면 위로 끌어올리기도 한다. 기본소득당이 대표적이다. 기본소득당은 매달 60만원의 기본소득을 목표로 증세를 제안하고 있다. 기타 녹색당·미래당·여성의당·시대전환 등도 기본소득 논의가 한창이다.

보수 진영이 '선별'에 방점을 둔다면 진보는 본래 취지인 '보편'을 그대로 지켜나간다는 데 차별점이 있다. 특히 기본소득당이 그렇다. 그들이 추구하는 기본소득은 공유부富에 대한 배당을 의미하고 국민 모두가 임금노동 이외 부의 생산에 기여하는 만큼 기본소득은 공유부에 대한 정당한 권리로 정의된다.

매달 60만원은 정부가 보장하는 최소한의 소득에 기초한다. 보건복지부가 고시한 2020년 기초생활급여 월 52만7186원이 기준이다. 이를 위해 증세는 불가피하지만 세금으로 낸 것이 기본소득으로 돌아가는 구조이기 때문에 증세부담은 오히려 적다는 게 기본소득당의 계산이다. 재원마련 방안으로는 △임금·사업·양도 소득 등 소득세에 기초한 시민 기본소득 △탄소세를 통한 탄소배당 △토지보유세를 통한 토지기본소득 △데이터세를 통한 데이터기본소득 지급 등을 내세운다. 기본소득당은 "이런 증세를 통해 기본소득의 재원마련 뿐만 아니라 현재 당면한 부동산불평등과 기후위기, 데이터 독점을 해결할 수 있다"고 강조했다. 국가 재정건전성을 우려하는 목소리에는 "기본소득은 기존의 국가 재정에서 충당하는 것이 아니라 증세를 통해 새로운 재정을 마련하기 때문에 국고가 바닥나지 않는다"며 "코로나19라는 새로운 위기 국면에서 국가의 재정을 보수적으로 관리하기보다는 국민들에게 바로 지급되는 방식의 확장적 재정정책을 펼치는 것이 중요하다"고 기본소득당은 밝혔다. 전용복 경성대 교수경제학는 한겨레를 통해 "정부가 국채 발행 등을 하며 세출을 늘리면 세입 또한 증가하게 된다. 우려했던 만큼의 재정적자는 일어나지 않는다"고 힘을 보탰다.

기본소득당의 용혜인 원내대표

"당신이 누구든 모두에게 매월 60만원"이라는 글을 블로그 대문에 걸어놓은 용혜인 기본소득당 원내대표는 KBS와 인터뷰에서 "기본소득을 반대하는 분들은 '그 돈이 있으면 필요한 사람에게 주는 게 낫다'고 하는데 '그 돈이 있으면'이라는 전제가 성립하지 않는다고 본다. 최소한의 인간다운 삶을 누릴 권리는 선별적으로 주어지는 것이 아니라 권리로 이루어진다. 이론적으로는 필요한 사람들에게 먼저 주는 게 더 효과적으로 보일 수 있을지 몰라도 현실 정치는 그렇게 작동하지 않는다. 또 기본소득만이 증세에 대한 합의를 가능하게 하는 아이디어라고 생각한다"고 말했다.

기본소득 도입 제정법을 국내에서 처음 발의한 것으로 유명한 조정훈 시대전환 의원의 기본소득안과 차이에 대해서는 "큰 틀에서는 같은데 접근 방식이 조금 다르다. 우리는 매월 60만원 지급 모델을 갖고 있고 시대전환은 30만원 지급이다. 재원 마련 방법도 조금 다른데 우리는 탄소세·토지보유세 같은 새로운 세목을 신설하자는 것이고 시대전환은 연말정산 공제 같은 공제 제도를 없애서 재원을 마련하자고 한다"고 용 원내대표는 설명했다.

용 원내대표는 기본소득이 21대 국회에서 입법화될 변곡점으로 2022년 대선을 꼽는다. 그는 "대선이 지나봐야 알 것 같다. 총선과 지방선거는 현 정권에 대한 중간 평가 성격이 강하고 앞으로 국정 운영 방향에 대해 논의할 수 있는 선거는 대선이다. 그런 의미에서 기본소득 논의는 대선에 더 적합하다. 2022년 대선의 결과가 무척 중요한 것 같다"고 전망했다.

'월 30만원 기본소득'을 기치로 지난 2월 창당한 시대전환의 조 의원은 "인공지능과 빅데이터 기술 및 자동화 기술의 발달, 양극화 심화로 다수 국민이 최소한의 인간다운 생활을 보장받지 못하고 있다"며 2022년부터 최소 월30만원의 기본소득을 지급하고 2029년에는 지급 금액을 최소 월 50만원 이상으로 인상하자는 내용을 기본소득 1호 법안에 담았다. △무심사 지급을 통한 무조건성 △집단 모두에게 지급되는 보편성 △지속적으로 지급되는 정기성 △가구가 아닌 개인에 지급되는 개별성 △현금 지급 등 5대

원칙도 빼놓지 않았다.

재원 마련 방안에 대해서는 '기본소득 특별회계'를 설치하자고 제안했다. 현재 정부가 거둬들이는 지방세 등에서 일정 부분을 떼어내 기본소득 지급을 위한 재원으로 사용하는 형태다. 재원이 부족하면 국회 의결을 통해 부족한 부분을 장기 차입할 수 있도록 하는 보완책도 마련했다. 조 의원은 "기본소득제가 시행될 경우 그 효과가 중복되는 선별복지 제도나 조세 감면제도는 단계적으로 정비해야 한다"며 "이 법안이 불안 속에 살아가는 국민의 삶에 완충 역할을 하길 바란다. 법안이 마중물이 돼 정치권에서 수사에만 머무는 것에서 벗어나 실제적 논의를 했으면 한다"고 당부했다.

'찬반분분' 재야의 목소리

'동네 의사와 기본소득'을 오마이뉴스에 연재하고 책을 펴내며 기본소득에 관한 재야의 고수로 떠오른 '프리랜서 의사' 정상훈 씨는 자신처럼 보통 사람들이 인간다운 삶을 살기 위해 기본소득이 반드시 필요하다는 주의자다. 기본소득이 있다면 인간미 넘치는 따뜻한 세상을 만들 수 있다는 지론이다. 사람다운 삶이라는 관점에서는 앤드류 양과 유사한 부분이 있다.

기본소득이 매력적인 이유 중 하나는 그 단순함에 있지만 기본소득이 우리 사회에 가져올 수 있는 변화는 무척 근본적이고 다차원적이라는 정씨는 한 인간에게 필요한 '물질적' 기초를 마련해야 삶이 바로 선다고 본다. 그는 "살기 위해 먹고 마시는 일을 누군가에게, 심지어 그것이 부모일지라도 타인에게 전적으로 의존해야 한다면 독립적 인격의 기초는 한편에서 무너지고 있는 것"이라고 했다. 타인에게서 하나의 인격으로 인정받으려면 부모가 주는 용돈이 아니라 우리 사회 구성원 모두에게 당연한 권리로 주어지는 기본소득이 있어야 한다고 역설한다.

　처음엔 본인도 기본소득 회의론자였다는 정씨는 "한 10년 전에 기본소득이란 걸 처음 들었을 때만 해도 황당하다고 느꼈다. 그런데 올 초 돌아가신 어머니가 몇 년 전 편찮으시면서부터 당신의 삶에 다른 가능성은 없었을까 생각해봤다. 기본소득이 있었다면 어머니의 삶이 확 달라졌을까"라는 질문이 생겼다고 떠올렸다. 또 다른 계기는 국제구호단체인 '국경없는의사회' 활동을 할 때 얻었다. 아르메니아와 레바논 등지에서 의료구호활동을 하면서 돈이 없어 치료를 받지 못하는 사람을 그는 많이 봤다. 한국의 진료실에서도 마찬가지였다. 기본소득으로 최소한의 생존을 보장받을 수 있다면 고통을 감내하면서 생계 때문에 치료를 미룰 이유가 없다고 정씨는 생각했다.

그는 주간경향과 인터뷰에서 "의사면허 덕에 삶에 닥친 사고와 우연성을 받아들일 준비가 돼 있다는 것엔 감사하지만 이는 우리 사회에서 소수에 불과하다"며 "삶의 불안정성이 높아지는 지금 기본소득은 사고나 우연이 가족과 생명을 포기하는 극단의 상황으로 가는 걸 막을 수 있다"고 얘기했다.

정씨는 다른 복지제도와 달리 "기본소득은 상상력을 자극하는 힘이 있다"면서 기본소득이 차별과 혐오에도 생존을 포기하지 않도록 사람들을 도와줄 수 있다는 지론을 가지게 됐다. 기본소득이 있다면 코로나19로 감염 확산의 위험이 있는데도 억지로 일터에 나가지 않아도 된다. 다음이 보장되지 않은 재난기본소득보다 훨씬 심리적으로 안정감을 준다. 그는 "코로나19가 우리에게 주는 교훈이 있다면 나 혼자 잘한다고 안전할 수 없다는 것"이라며 "감염병 위기가 자주 돌아올 것이 예상되는 지금 불안감과 공포는 모두의 연대로 극복할 수 있고 그 계기가 기본소득일 수 있다"고 주장했다.

이렇게 정씨는 국민 모두에게 월 60만원의 기본소득을 지급하자는 데 열렬한 지지를 보낸다. 재원은 시민배당, 토지배당, 탄소배당, 데이터배당 등으로 마련하자는 게 그의 제안이다. 시민배당은 모든 시민이 소득의 15%를 '시민재분배기여금'으로 낸 후 돌려받는 것이고 탄소배당은 탄소 1톤당 10만원의 탄소세를 부과해 재분배하는 것이다. 정씨는 "기후위기라는 명분이 있어서 탄소배당이 가장 설득력 있지만 사회의 공통부에 기반해 모두가 자신의 능력에 따라 참여해 분배받는다는 점에서 시민배당이 기본소득의 정신을 명확히 보여준다"고 설명했다. 오마이뉴스를 통해서 그는 "기본소득은 정부의 예산이나 재정 지출과 무관하다. 기본소득을 위해서는 물론 세금을 더 내야 한다. 하지만 걷힌 세금은 정부의 예산으로 편성되는 것이 아니라 그대로 모든 사람에게 일정액씩 되돌아간다. 정부는 이 과정을 책임지고 보장해 줄 뿐"이라고 적기도 했다.

재야에는 기본소득이 이뤄질 수 없는 헛된 생각을 뜻하는 '공상空想' 수준이라고 폄하하는 목소리도 있다. 전 한국은행 총재 및 건설부장관을 지낸 박승 중앙대 명예교수가 대표적이다. 박 교수는 문재인 정부의 경제정책 입안에 영향력을 미친 경제학자로도 알려져 있다.

박 교수는 디지털 타임스의 '고견을 듣는다'와 인터뷰에서 "정부나 민간이 달라져야 하고 경제면에서는 디지털화·비대면화가 앞으로 촉진될 것이고 그에 대응을 잘해야 한다고 본다. 또 일자리가 계속 감소할 거다. 왜냐하면, 비대면화·디지털화·로봇화·인공지능화가 되면 노동 개입 없이 생산이 이뤄지며 일자리가 없어지지 않겠나. 여기에 따르는 실업문제가 생길 거고 또 양극화가 심해질 거다. 일하는 사람과 안 하는 사람 간 양극화 대책을 세워야 한다. 다음에는 국제거래가 위축될 거다. 국제거래가 위축되면 수출이 주는데 수출로 먹고사는 한국과 같은 나라에는 큰 충격이 온다. 결국은 내수 중심으로 경제성장을 할 수밖에 없다. 그걸 대비해야 할 때 나오는 결론은 정부 역할의 확대이다. 정부의 일이 커진다. 가령 지구환경변화대책이라든가 디지털화·4차 산업혁명·일자리 감소 문제·양극화문제·내수확대문제 등 전부 정부가 해야 할 일"이라고 전제했다.

그러면서 "기본소득 문제는 말도 안 된다고 말하고자 한다. 기본소득이 서양에서 왜 생겼느냐 하면 경제 생산이 점점 인력을 벗어나 로봇이 하고 디지털이 하니까 노동력이 필요 없게 되는 거다. 그러면 이 생산물은 누구 것이냐, 로봇에게 줄 것이냐 하는 문제가 생긴다. 물론 생산물은 로봇 주인이 갖게 되겠다. 그런 주인은 우리나라에 몇 명밖에 안 될 텐데 로봇 가진 사람이 우리나라 국내총생산GDP을 다 가질 거냐. 나머지는 다 굶어죽어야 옳으냐는 문제가 생긴다. 그럴 경우에 노동에 참여하지 않는 국민 대다수는 참여하는 사람들한테서 걷어 먹여 살려야 하는데 말하자면 선별복지로 하다 보니까 일을 거부한다는 것"이라고 풀이했다.

박 교수는 "일을 안 해도 정부에서 먹여 살리는데 왜 내가 일을 하느냐는 문제에 봉착한다. 노동기피 현상이 생겨서 국가경제가 파괴된다. 그러니까 아예 그 단계에서는 누구나 똑같이 주자, 재벌 총수나 노동자나 똑같이 나눠주자는 것이 기본소득이다. 그런데 이게 말이 되나. 재벌 총수나 알바아르바이트 하는 사람이나 똑같이 정부가 세금을 나눠준다는 것이다. 그건 공상이다. 그래서 서양에서 이런 문제가 예상되니까 실험적으로 도입을 해봤다. 핀란드·네덜란드에서 했는데 다 실패했다. 스위스에서는 국민투표에 부쳤는데 부결됐다. 안 하겠다고 했다. 지금 전 세계에서 한 군데도 하는 데가 없다. 그런데 우리나라에서 한다? 재벌총수하고 알바하고 똑같이 돈을 준다? 지금 양극화를 해소해야 하는데 양극화 해소에 도움도 안 되고 국가경제 발전에도 도움이 안 된다. 긴급재난지원금도 나는 반대했다. 그리고 기부했다. 동사무소에 가서 정부에 다시 넣으라고 나는 안 받는다고 했다. 내가 왜 그런 돈을 받나. 그런 소득이 있으면 알바생에게 줘야지 그건 공산당 같은 소리다. 한마디로 말도 안 된다"고 일축했다.

박 교수는 YTN라디오 생생경제를 통해서는 "기본소득보장제도는 우리가 볼 땐 이게 포퓰리즘이어도 보통 포퓰리즘이 아니다. 우리나라에서는 없는 사람을 도와주는 것이 포퓰리즘이라고 한다. 이제는 소비가 늘어야 경제성장이 되는데 소비를 늘리려면 몇 가지 해야 할 일이 있다. 첫째 빈부 격차를 줄여야 된다. 부자 사람들은 소득이 있어도 소비를 안 한다. 예를 들어, 똑같이 100만원을 부자 사람과 가난한 사람에게 나눠주면 부자는 소비하는 것이 아니라 저축으로 들어가지만 가난한 사람들은 당장 써야 하니까 100% 다 쓴다. 그러니까 가난한 사람에게 소득이 많이 갈수록 소비가 늘어서 경제성장이 촉진된다. 과거에는 가난한 사람들에게 돈이 많이 가게 되면 저축이 덜 돼서 기업투자가 줄어 경제성장이 안 됐는데 지금은 거꾸로다. 이것을 우리 국민이 알아야 된다. 기본소득은 가난한 사람들만이 아니라 모든 국민들에게 나눠준다는 것이다. 그것은 소비를 늘리라는 뜻이다. 소비를 늘려서 경기침체를 극복하자는 이런 이야기다. 단 우리 정부가 깊이 깨달아야 하는 것은 '가계소득을 어떻게 늘려서 가계소득을 어떻게 보호해서 가계소비를 어떻게 늘릴 것이냐' 이것이 정책의 핵심이 돼야 한다. 이 경기침체를 극복하는 정책의 핵심이 여기에 있어야 된다"고 조언했다.

'그라운드 제로 vs. 산산조각날 것' 외국은 지금

2020년 8월 힐-해리스X의 여론조사 결과 등록 유권자의 55%가 보편적 기본소득UBI을 지지한다는 결과가 나온 미국에서는 다양한 목소리와 실험들이 속도를 내고 있다. 30세의 캘리포니아주 스톡턴 시장인 마이클 텁스는 이론적 지지에서 한 발 더 나아가 선구적인 실험을 연장하고 있다. 스톡턴시는 125명의 주민들에게 조건 없이 매달 500달러를 현금으로 주고 있다. 텁스는 영국 일간지 이브닝 스탠더드와 인터뷰에서 4년 전 당시 파산한 스톡턴을 두고 "가장 비참한 도시"라고 떠올렸다. 텁스는 UBI를 미국인의 삶을 위한 "그라운드 제로시초·시작지점"라고 강조한다. 그는 이어 "우리는 이 나라에서 가장 다양한 도시지만 실질적으로 구조적인 도전을 맞고 있다"고 덧붙였다.

기본소득을 시범 운용하고 2018~2019년 살인사건이 40% 감소하는 걸 봤다는 텁스 시장은 UBI 신봉론자가 되지 않을 수 없었다. 그는 "우리는 이제 두 번째로 재정이 건강한 도시"라며 "연구 결과에 의하면 부모가 경제적으로 불안해하지 않고 더 안정된 환경에서 자란, 즉 더 많은 돈을 가진 아이들이 학교에서 더 나은 성적을 거둔다고 한다. 이것은 아이들이 본래 너 똑똑하거나 더 열심히 일하기 때문이 아니라 그 아이들이 더 안정적인 환경에 있기 때문"이라고 풀이했다. 부모의 안정은 곧 아이들의 안정이고 그 안정을 보장해주는 것이 기본소득이라는 연결고리다.

텁스 시장은 연방정부 차원에서 UBI를 장기적인 정책으로 만들어야 한다고 믿는다. 그는 "전염병 대응의 총합은 1935년 과감한 급진적 발상이었던 일회성 경기부양과 실업보험이었다"며 "2020년의 현실을 반영한 사회안전망을 갖춰야 한다"고 UBI 도입을 적극 주문했다.

보수 성향의 텍사스주에 선거구를 둔 정치인인 줄리 올리버는 현장에서 느낀 국민들의 인식 변화가 진보적으로 빠르게 전개하고 있는 것이 핵심일 수 있음을 시사했다. 조 바이든의 지지를 받은 올리버는 "2년 전 급진적으로 보였던 일들이 오늘날에는 그렇게 급진적으로 보이지 않는다"며 "보편적 의료는 급진적으로 보이지 않는다. 보편적 기본소득도 그렇게 급진적이지 않아 보인다. 이것들은 이제 대중적인 생각들"이라고 알렸다.

하지만 반대도 만만치 않다. 양상은 한국과 다르지 않다. 모든 국민들을 먹여 살릴 재원 마련에 대한 비현실성이 가장 크다. '경제적 불평등'에 관해 집필하는 등 전문가로 통하며 각종 팟캐스트에서 기본소득의 장단점을 설명하는 마크 래시브룩은 뉴질랜드 온라인 매체인 뉴스룸을 통해 "수를 계산하기 시작하면 UBI의 좋은 의도가 실용성의 단단한 바위 위에서는 그저 산산조각 날 뿐"이라며 "뉴질랜드 기준 연간 900억달러 _{뉴질랜드달러·약 69조8103억원} 가 소요될 것으로 추산되는 기본소득을 하려면 그러니까 하룻밤 사이에 정부 지출을 두 배로 늘려야 할 것이다. 그건 분명히 전혀 감당할 수 없는 일"이라고 회의적인 입장을 분명히 했다.

제6장

청년 기본소득의 필요성

N포 세대

사회안전망은 중요한 이슈가 되고 있다. 사회안전망이란 국민을 실업, 빈곤, 재해, 노령, 질병 등 각종 사회적 위험으로부터 보호하기 위한 제도적 장치를 의미한다. 복지국가에서 사회안전망은 매우 중요한 위치를 차지한다. 자본주의 경쟁 사회 안에서 사회안전망은 불평등의 조절이나 기회의 제공, 사회적 위험으로부터의 보호 등 자본주의 안에서 필연적으로 야기되는 문제를 제도적으로 완화하고 있기 때문이다. 특히 아동이나 노인, 여성과 같은 사회적 약자와 관련된 사회안전망의 논의는 오랜 기간 학문적으로, 또 정책적으로 논의되고 개발됐다.

대한민국도 아동, 노인, 여성 중심이었는데 최근 들어 취약계층으로 분류되고 있지 않던 청년이 사회안전망으로 들어오면서 사회적 이슈가 됐다. 청년을 위한 사회안전망에 대한 관심이 높아진 것이다. 청년은 아동과 노인과는 달리 신체적으로 국가와 가정을 주도적으로 이끌어가는 시대의 주역이 될 것으로 기대를 받는다. 1963년 이전에 태어난 베이비붐 세대가 청년이었을 때 그들이 주도적인 세력이 되는 것은 당연시되었다.

'베이비붐 세대'는 한국전쟁이 끝난 이후 사회적·경제적 안정 속에서 태어난 세대를 칭한다. 이들은 가정의 한 가장으로서 국가의 일원으로서 경제개발을 이끌었다. 그들이 청년이었을 때 한국 경제는 급속도로 성장하고 있었기에 일자리를 구하는 것이 어렵지 않았다. 성실성과 의지만 있으면 당시의 청년들에게는 무엇이든 가능했다.오민홍, 고재성, 장서영, 오찬호; 2014; 이현진, 2014

세월이 흘러 베이비붐 세대가 자녀를 낳았고 이른바 에코 세대가 탄생했다. '에코 세대echo generation'란 산 정상에서 소리치년 메아리쳐오는 것을 연상하며 만들어진 이름으로 이들은 베이비붐 세대의 메아리 같은 세대였다는 것을 의미한다. 에코 세대는 부모 세대와는 확연히 다른 것을 경험했다. 이들은 외환위기에 이은 국제기금IMF 사태와 세계금융위기를 베이비 세대인 부모 곁에서 경험했다. 이들은 태생부터 저성장시대를 경험했던 것이다. 하지만 이들은 부모세대와는 다르게 성장기부터 경제적, 사회적으로 풍족한 삶을 경험하였으며 남녀평등과 자유로운 교육, 문화 속에서 자랐다.박덕배, 2012; KB경영연구소, 2012; 여관현, 박민진, 2014

이들은 뛰어난 능력과 풍부한 문화자본을 통해 성장기부터 높은 교육열을 경험했고 80% 이상의 대학진학율을 기록했다. 에코 세대는 외국어 실력과 악기연주 능력 함양과 함께 다양한 스펙과 역량 등의 학력 자본을 갖게 되었다. 그리고 열 명 중 아홉 명은 도시에서 태어나 대부분 어린 시절부터 아파트에서 성장했다. 또한, 밀레니엄 시대와 더불어 퍼스널 컴퓨터와 IT 강국의 신기술에 노출되어 교육을 받았다. 즉, 대학과 도시화, 신기술의 경험 등이 에코 세대의 키워드이다.이현진, 2014; 이원재, 2018

이들은 치열한 경쟁을 뚫고 대학에 입학했고 취업시장에서 치열한 경쟁을 경험했다. 이들은 토플, 토익 등 영어 실력이 월등히 뛰어나고 다양한 스펙이 있었음에도 노동시장에서는 더 많은 것을 요구받았다. 학력 인플레이션 현상이다. 이는 경제시장의 저성장으로 수요와 공급의 불일치와 더불어 4차 산업혁명의 파괴적 신기술로 인해 고용 없는 노동시장이 형성되고 있기 때문에 일어난 현상이었다.

따라서 이들은 대학을 졸업해도 안정적 정규직 일자리를 구하기 어려웠다. 그러다 보니 에코 세대는 하향취업과 아르바이트, 계약직, 비정규직으로 내몰렸다. 2018년 통계청 자료에 의하면 임금 근로자의 36.4% 중 청년층15~24세의 비정규직 비중이 절반을 차지했다.한국노동연구원, 2018 2020년에는 취약노동자 중 30세 미만 근로자가 69%나 되었다. 코로나19로 인해 근로시간과 소득이 하락한 것이었다.옥스포드 대학, 2020; 신수지, 2020

토마 피케티2015는 이러한 현상이 일어나는 요인으로 청년 간의 출발선이 다름을 설명하고 있다. 그는 이러한 현상을 부의 쏠림이 초래하는 99대 1이라는 불평등 사회를 예고하는 전조현상이라고 말한다. 자본주의에 의한 불평등은 예전부터 사회문제로 제기되었는데 피케티가 주장하는 불평등 이론은 '세습자본주의화'를 근거로 하고 있다.

'세습자본주의'란, 상속을 통한 자산 형성을 말한다. 이러한 자산 형성이 최근 들어 재벌기업 가족들 외에도 베이비붐 세대의 고소득 부모들 사이에 유행하고 있다. 자산을 다음 세대에 상속하기 시작하면서 부의 쏠림 현상이 시작되었다. 동등한 학력을 갖고 비슷한 환경에서 자라서 노동시장에 진입했다고 해도, 상속받은 청년과 그렇지 못한 청년들 간에는 출발점이 다름이 있었다. 이는 부의 쏠림으로 이어질 수 있다. 쏠림에 부정적인 영향을 받는 청년들은 고용시장에 진입해 경쟁할 기회조차도 얻지 못한다.이병천 2014; 이원재, 2018 스펙의 질이 다르기 때문이다. 출발선부터 다르니 청년의 소득 불평등을 초래한다. 이것이 '88만 원 세대', '삼포 세대'연애, 결혼, 출산를 넘어 'N포 세대' 등 청년을 상징하는 신조어들이 등장하는 이유이다.

'N포 세대'란, 연애, 결혼, 출산, 주거, 취미 등 N가지를 포기한다는 뜻이다. 포기할 게 너무 많음을 의미한다. 실제로 청년이 대학3년제 이하 포함을 졸업해서 안정된 직업을 갖고 부모의 곁을 떠나 한 가정을 꾸미는 과정에서 과거 베이비붐 세대에 비해 훨씬 더 많은 시간을 필요로 한다.김은정, 2014; 한국보건사회연구원, 2017; 서울경제신문, 2017 이러다 보니 이 모든 과정을 초입부터 포기하기 시작한 청년 니트NEET족이 출현했다. 청년 니트NEET족이란, Not in Education, Employment or Training의 줄임말이다. 이는 직역하면 '교육에서도, 고용에서도, 훈련에서도 아닌'이라는 의미다. 15~34세 사이의 청년들이 학교, 취업, 교육을 거부하고 가사일조차 않을 때 그들을 니트족으로 부르는 것이다. 니트족은 적극적인 구직 활동도 하지 않는다.김기헌, 2019 이들은 시간제, 아르바이트로 생활하는 프리터free arbeiter족과 다르게 활동 자체를 아예 포기한 청년들이다.

한국의 청년 니트NEET족 현황은 2018년 기준 15~29세 전체 청년층의 19.2%를 차지하고 있다.김기헌, 2019 이는 OECD 평균인 13.0%에 비해 매우 높다.OECD, 2019 청년 니트NEET족은 일반적인 청년의 문제와는 다른 해석이 요구되는데 이들의 수는 200만 명을 넘어서 그 심각성이 더해지고 있다.한겨레, 2017

에코 세대의 성장배경과 문화적 특성 그리고 사회 구조적 상황 등을 고려할 경우 청년 역시, 아동과 노인의 인구 집단과 비슷하다고 봐야 한다. 그들을 위한 정책이 필요한 것이다. 하지만 일부 기성 세대는 청년을 대상으로 한 정책을 일종의 '특혜'라고 주장한다. 이들은 사회에 불만을 토로하는 청년들에게 끊임없이 '성실과 노력 맹신론'을 거론하며 훈계한다. 이는 베이비붐 세대와 에코 세대의 세대갈등이 가정과 직장, 그리고 사회 전반에 조성되는 원인이 된다.

청년들은 청년의 담론과 청년에게 부여하는 의미를 재해석해야 한다는 주장을 하고 있다. 청년을 향해 아동과 노인 등의 사회적 약자 또는 취약계층의 접근법을 써서도 안 되고, 여성, 장애인, 이주민, 성 소수자에 대한 접근법을 적용해서도 안 된다고 한다. 이들은 사회가 자선을 베풀어야 하는, 차별 받고 있는 계층이 아니기에 노동의 권리, 여성의 권리와 같은 주장이 청년의 권리로 적용될 수는 없다. 어떤 이들은 국가를 향해 청년실업을 해결 받는 것이 권리라는 주장을 하기도 하지만 이들이 궁극적으로 주장하는 것은 청년의 지위가 아니라 시민이라는 위치에서 청년의 의미에 대해 재해석이다. '평등한 시민권리의 요구' 이것이 청년들이 바라는 청년의 담론이다.

청년 기본소득은 혁신경제의 동력

청년 기본소득의 도입이 필요한 이유 첫 번째는 청년에게 안정을 보장함으로써 개인의 삶의 행복과 만족도 향상과 더불어 따라올 혁신경제의 동력이 될 수 있다는 점이다. 최영준2019은 '우리 사회가 지향하는 복지국가는 혁신에 어떤 영향을 미칠까'라는 연구에서 청년의 경제적 안정은 개인의 삶의 질과 혁신에 영향을 미친다는 결론을 냈다. 국가가 제공하는 복지혜택은 양날의 검과 같다. 복지혜택으로 굳이 노동하지 않아도 된다는 생각에 노동자들의 근로의욕이 떨어지고 기업의 이윤 창출도 저하될 수 있다. 다른 면으로는 개인의 안정성이 청년의 창의력을 높이고 새로운 신기술 변화를 적극적으로 받아들일 수 있게 도와 혁신경제에 이바지하게 할 수도 있다.최영준, 2019

'랩LAB 2050'2018의 연구에 따르면 고용이나 소득이 안정될 경우 새로운 기술과 혁신에 '수용성'이 높다고 한다. 그리고 행복과 삶의 만족도가 높아져 창의성이 높아진다고 한다. 창의성은 인지적 다양성과 상관관계가 있는데 촘촘한 사회안전망에서 누리는 행복감이 인지적 다양성과 창의성으로 이어진다. 실제로 사회안전망이 잘 갖춰진 나라일수록 삶의 만족도가 높고 사회정책의 포용성도 높고 혁신적인 창의성도 높게 나타난다. 하지만 한국의 경우 인지적 다양성과 창의성 그리고 혁신을 기반으로 하는 청년의 창업률은 전체 창업의 22.9% 중 0.8%에 그치고 있다.국세청, 2017 이는 중국 대학 졸업생의 창업률이 8%인 것에 비해 10분의 1에 불과한 수치. 창의성을 가지고 창업하지 못하는 이유에 대한 설문조사에 의하면 '실패에 대한 두려움'이 가장 많이 나왔는데 두려움은 시도조차 하기 어렵게 한다는 결과가 있다.

대한민국 청년들은 혁신과 창업을 지향하기보다는 안정된 직업을 선호하고 있다. 2017년 통계청 사회조사에 따르면, 13세~29세까지의 청소년과 청년의 직장 선호도에서 국가기관25.7%, 공기업19.9%, 대기업15.1% 순으로 나타났다. 2019년 국가공무원 9급 공채 시험 경쟁률은 39.2대 1이고 7급 공무원 시험 경쟁률은 97.9대 12018년 이었다. 대학을 졸업하고 자신의 재능과 적성에 맞는 직업을 찾기보다는 안정된 직업을 구하려는 경향이 짙다고 할 수 있다.

청년들이 높은 불안정성과 불투명한 미래 속에서 혁신과 창의,

그리고 도전보다는 직업 안정성만을 추구하고 공무원이 되는 시험, 공기업 입사 시험 준비에만 몰두한다면, 이는 혁신 동력의 상실이라는 사회적 위험의 결과를 낼 수 있다.정이윤, 최현수, 반가운, 2019

대한민국 청년들의 삶의 만족도는 100점 중 50점 수준으로 낮게 나타났다. 만족도가 낮으니 청년들의 공동체 활동 참여 의사에 대한 의견도 상당히 냉소적이다.구교준외, 2018; 이원재, 2019 이는 안정성과 연관이 있다. 청년 시기에 안전함을 보장해주지 않으면 국가 신뢰 및 사회연대에 대한 태도, 시민 참여, 정치 참여와 건강한 시민사회 형성에 부정적 영향을 미칠 수 있다.정이윤, 최현수, 반가운, 2019 기본소득은 청년들의 안정성 확보에 대한 중요한 단서가 될 수 있다.

세습자본주의의 폐해를 피하게하는 기본소득

청년 기본소득이 도입되어야 할 이유로 둘째는 4차 산업혁명 이후 '세습자본주의화'가 더욱 심각하기 때문이다. 토마 피케티2015는 '기회 평등'과 '능력주의'를 강조하는 자본주의가 지금처럼 진행된다면 자본 소유의 집중이 심각해질 것으로 보았다. 그는 이러한 소유의 쏠림은 사회가 '세습자본주의'로 전락할 가능성이 큼을 그는 경고했다. 이는 99대 1의 불평등 심화의 예고이기도 하다. 1인 세습자본주의 수혜자이고 99는 희생양이 되는 것이다. 피케티가 말하는 '세습자본주의'를 한국의 예로 설명한다면 '상속을 통한 자산 형성'으로 설명할 수 있다. 이러한 일은 재벌기업에만 일어나고 있는 것은 아니다.

80년대와 90년대 경제의 호황에 이은 부동산, 금융 등으로 자산을 취득한 베이비붐 세대 고소득자들은 자산을 다음 세대에 상속하기 시작했다. 이러한 현상은 지금 청년의 소득 불평등과 이인한 사회 불평등에 악영향을 미치고 있다. '세습자본주의'는 곧 자본주의 경제학자들이 주장하는 '기회 평등', '능력주의'라는 질서를 깨뜨리고 말았다. 지금의 청년들은 계층 상승 기회조차도 기대할 수 없는 구조가 되어버렸다. 실제로 대학진학률이 80%인 에코 세대는 막상 대학을 졸업해도 안정적 정규직 일자리를 구하기가 어느 때보다 어려워졌다.

또한, 자산의 세습은 출발선에서부터 불평등을 야기시킨다. 2018년 한국노동연구원에 따르면 비정규직 근로자 중 청년층 15~24세의 비중이 50%를 차지하였다. 이는 아르바이트, 시간제 근로 등 불완전 고용을 하는 청년들이 늘어나고 있다는 통계이다. 그리고 첫 직장부터 비정규직으로 내몰린 청년들이 많아지고 있다.통계청, 한국노동연구원, 2018

이는 세계적인 현상이기도 하다. 옥스퍼드대학 연구조사에 의하면 코로나19 충격에 가장 취약한 나이는 30세 미만의 청년인 것으로 나타났다. 30세 미만 근로자의 69%가 코로나로 인해 근로시간과 소득이 감소했다. 이들이 코로나 셧다운의 직접적인 영향을 받은 원인은 단순 서비스업과 숙련되지 않은 근로업종에 일하기 때문이다.신수지, 2020 이러한 비정규직의 취약성은 소득에서도 차이가 난다. 2019년 '경제 활동인구조사 근로 형태별 부가조사' 발표에 의하면 비정규직 근로자의 월평균 수입은 173만 원으로 조사되었고 정규직의 월평균 임금은 317만 원이었다. 이들의 임금 격차는 엄청났다. 비정규직 근로자의 평균 근속기간은 2년 5개월이고 정규직의 근속기간은 7년 10개월로 이들 간 격차는 5년 5개월로 나타났다.

청년이 성인으로 옮겨가는 과정에서 고용안정이 보장되지 않으면 결혼, 출산, 독립에도 부정적인 영향을 미친다. 청년들은 오랜 시간 직업을 위해 투자를 했지만 이와 무관하게 비정규직에서 정규직으로, 중소규모에서 대규모 사업체로의 이동은 어려운 일이 됐다. 중소규모 사업체의 임금근로자가 1년 후 대규모 사업체로 이동하는 비율은 2004~2005년 3.6%에서 2015~2016년 2.0%로 줄었다. 비정규직에서 정규직으로 이동하는 비율은 같은 기간 15.6%에서 4.9%로 하락했다. 이러한 현상은 과거 베이비붐 세대에는 경험하지 못한 일이다. 출발선이 다른 청년들은 계층의 사다리를 오를 방법이 없다.

김민수2018는 청년 문제의 본질은 불평등이며 소득, 자산, 정치 권력 등 다양한 사회적 자원에 대한 분배 격차 해소가 필요하다고 지적하였다. 이를 해결하기 위해 토지 개혁에 따르는 불평등 해소 정책이 필요하며 그 정책으로 '청년의 사회 출발 자산'을 제공하는 대안을 제시했다. 청년의 기본소득이 그 역할을 한다.

청년 기본소득이 필요한 기타 이유

이원재2018는 대학, 신기술, 도시의 세 가지 동질성과 격차를 중심으로 청년 기본소득 도입의 당위성을 주장했다. 첫째, 학력 인플레이션이 높다는 점이다. 과거, 청년의 부모인 베이비붐 세대의 대학진학률은 20% 안팎에 지나지 않았다면 이들은 대학진학률이 80%에 육박한다. 대부분 비슷한 교육을 받았다. 20% 진학률 시대에는 대학을 가는 사람이 특별한 인재로 여겨졌기에 임금 격차가 정당화될 수 있었다. 하지만 지금의 청년들은 그렇지 않은 상황에 있다.

둘째, 2000년 밀레니엄 시대와 더불어 신기술에 대한 노출과 학습이 일반화되었다는 점이다. 즉, 베이비붐 세대는 디지털 기기 사용의 능숙함에 따라 화이트칼라와 육체적 노동의 블루칼라 구분되었다면 지금의 청년들은 대부분 디지털 기기 사용에 익숙하다. 아동부터 청년으로 성장하기까지 이들은 디지털에 익숙하고 동등하게 정보와 기술을 접한다. 그렇기에 신기술 사용능력에 대한 보상을 받기는 어렵다.

마지막은 도시화율이 높다는 점이다. 과거 거주 지역의 비율은 시골과 도시로 구분되었다. 특히 베이비붐 세대 때는 도시거주자 비율이 39%에서 그쳤다. 하지만 지금의 청년 세대의 출생지는 열 명 중 아홉 명은 도시다. 이들은 어린 시절 대부분을 도시의 아파트에서 성장하였다. 이들은 모두 '도시 사람'이라는 문화적 동질성을 갖고 있다.

이처럼 대학과 신기술 그리고 도시화에 있어서 능력과 문화는 균등한데 불평등과 불공정한 처우가 당연한 것처럼 일어나고 있다. 이러한 심각한 자본주의 불평등과 양극화는 4차 산업혁명 이후 더욱 가속화될 것이고 이러한 문제는 청년에게만 국한된 것이 아닐 것이다.

우리나라 청년들은 진학, 고용, 주거 등의 삶의 영역에서 불안정을 경험하고 있다. 이들 모두 높은 교육 학력과 에코 세대만이 가진 좋은 잠재능력이 있음에도 여전히 경쟁 사회에서 살아남기 위해 원하지 않는 일을 어쩔 수 없이 선택하고 있다. 심지어 부당하게 낮은 임금이나 위험한 작업 환경에 노출되어 있어도 이들을 보호할 사회적 체계는 없다.김영순, 2017 기존 사회보장 지원체계에서 청년들은 사각지대에 머물러 있다. 기존 사회보장은 노동시장에 진입된 정규직 청년들에게만 유리하게 되어있다.

종합해보면 청년의 총체적 사회문제들을 기존 전통적 복지국가 체계에서는 해결한지 못하는 상황이다. 이에 대한 대안으로 청년의 기본소득이 서울시청년수당와 성남시청년배당를 시작으로 펼쳐지게 되었다.

이를 토대로 대부분의 지자체가 청년을 위한 부분적 기본소득 정책을 진행하고 있다. 정치영역에서도 진보·중도·보수진영을 떠나 청년 상황의 심각성을 인지하고 기본소득의 시범운영으로 청년 기본소득을 구상하고 있다. 하지만 여전히 기본소득과 같이 보편성, 지속성, 무조건성, 현금지급에 대한 부정적 견해가 청년 기본소득 논의에서도 들리고 있다.

청년 기본소득의 궁극적 목적

청년 기본소득의 궁극적인 목적은 청년들로하여금 삶에 대한 안정감을 높여줌으로써 진취성과 모험성을 자극하는 데 있다. 생애주기에서 성인으로 옮겨가는 동안 경제적 안정을 보장하여 진학, 취업, 결혼, 독립 등이 원활하게 진행될 수 있도록 하는 이상적인 사회안전망이 필요한 것이다.

청년 기본소득은 주된 사회안전망이 될 수 있다. 하지만 청년 기본소득에 관한 실증적 연구와 경험적 실험은 그다지 많지 않다. 지자체가 진행하고 있는 청년 기본소득 실험에 대한 경험적 증거를 제공하는 질문들은 여러 가지가 있다. "일정한 소득이 조건 없이 정기적으로 기본소득을 지급하면 청년들에게 어떤 변화가 일어날 것인가?", "보편적인 기본소득이 지급된다면 어떤 변화가 일어날 것인가?", "기본소득이 청년들 본인의 적성과 기술에 맞는 안전한 일자리를 찾게 하고, 여유 있고 행복한 삶을 영위하는 데 도움을 줄 수 있을까?" 등이다. Moffitt, 1981; Freedman, 2016; Standing, 2017

기본소득은 청년들에게 '거부할 수 있는 자유'power to say no와 '힘'power을 주며 노동의 자유로운 선택면에서에 긍정적 영향을 미친다는 견해가 있다필리프 판 파레이스, 2018; Wright 2006. 그리고 청년들이 가사, 돌봄, 자원봉사, 사회참여 등의 가치 있는 일에 집중할 수 있게 된다는 의견도 있다. 또한, 청년의 실질적 자유 실현을 돕고 사회적 신뢰와 연대를 높일 것이라고 긍정적 주장도 있다. 반대로 경제적 안정성은 청년들의 근로 노력과 생산성을 저해할 수 있다고 부정적 견해도 있다.정이윤, 최현수, 반가운, 2019 서로 대비되는 양측의 주장을 뒷받침 해주는 경험적 증거는 아직 부족하다. 하지만 위 질문들은 정책 결과에 기초자료로 제공됨으로써 향후 효과적인 정책적 논의와 연구에 도움을 줄 수 있다.Widerquist, 2018

2015년 12월에 실행한 성남시 '청년 배당'과 2017년 서울시 '청년수당'이 한국의 대표적인 청년 기본소득이다. 성남시와 서울시의 청년 기본소득은 보편적기본소득의 성격에서 조금 벗어나기에 완전한 형태의 기본소득은 아니다. 하지만 한국에 기본소득 논의가 본격적으로 논의되고 정부와 지자체의 복지정책이 진화되는데 토대가 되었기에 청년 기본소득은 큰 의미가 있다. 이승윤, 이정아, 백승호, 2016

성남시 '청년 배당'은 성남에 3년 이상 거주한 만 19세~24세 청년에게 취업 여부나 소득, 재산 수준과 상관없이 분기별 12만5천원, 연간 50만 원을 지급하였는 것이었다.성남시, 2016

서울시의 '청년 활동 수당'은 "2016~2020년 서울에 거주하거나 서울 소재 대학에 다니는 만 19~34살 청년" 중에서 5천 명을 선발하되 "우선순위는 가구소득이 하위 30%소득 3분위 이하이거나, 졸업 또는 실업한 이후 3개월 이상 미취업 상태인 청년들"에 제공

됐다.BIKN, 2020

서울시에 거주하는 청년들은 청년 활동 수당을 받기 위해서 "활동비를 받는 대신, 사회참여 활동이나 생애진로 탐색 활동 등에 대한 보고서를 작성해서 제출해야 한다."

청년 활동 수당은 월 50만 원씩 2개월부터 12개월까지 제공되었다. 성남시는 지역 화폐를 나눠줘서 성남지역 내에서만 사용할 수 있게 했다. 서울시는 사회참여 의지가 있는 미취업 청년들에게 학원 수강비, 교재 구입비, 시험등록비, 그룹스터디 운영비 등 실질적으로 취·창업 준비를 포함한 다양한 참여 활동을 위한 지원을 했다.

제7장

생명자본주의와 기본소득
(특별기고, 박원희)

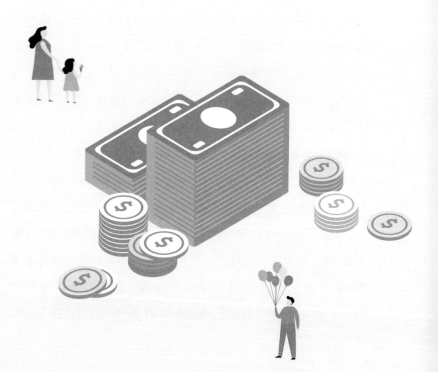

소유의 경제학은 부의 확장에 근거한다. 아담 스미스Adam Smith, 케인즈John Mynard Keynes의 모든 이론은 소유경제학에 입각한 부의 확장에 근거한다. 수요와 공급, 통화량 조절을 통한 중앙은행과 정부의 개입에 관한 이론이다.

나는 생명자본주의를 이 글에서 논하고자 한다. 생명자본은 단순히 돈에 대한 것이 아니라 공동체의 가치와 사귐에 관한 것이다. 가난한 자를 나의 일원으로 받아들이는 것이며 동동한 사귐의 대상으로 인정하는 것이 생명자본주의다. 소득에 의해 계층을 만들고 소득에 의해 삶의 자리를 만들지 않겠다는 인격적 선포가 생명자본주의다. 자본이 생명으로 순환되는 것이 생명자본주의다. 생명자본주의는 그러나 인간의 자기중심성이 발달한 후 사라졌고 모든 것이 소유의 경제학으로 바뀌었다. 복지라는 형태의 사회 인프라를 만들지만 그것은 사귐이 아니라 약자 보호에 입각한 구제정책이다. 생명자본주의는 모든 사회의 구성원을 사귐의 대상으로 보는 자본형태이다. 모든 국민에게 기본적 생활을 위한 소득을 주자는 기본소득은 소유자본에서 논해야 하는 주제가 아니라 생명자본에서 출발하여 논의되어야 하는 주제이다.

한 장애우 자녀를 둔 지인이 유럽의 브루더호프Bruderhof 공동체에 들어갔다. 의자를 만드는 일에 장애우 딸이 일을 하게 되었다. 노란 색칠을 하는 일이었다. 공동체 일원은 그 장애우 딸이 색칠을 마칠 때까지 기다려주고 격려했다. 손이 어눌하여 색칠을 잘 못하기에 다른 부분을 다 가리고 그 부분만을 칠할 수 있도록 배려했고 의자 하나에 색칠을 마치면 서로 기뻐하고 격려했다. 브루더호프에서는 4대륙에서 온 23개 공동체 일원 2700여명이 생활하고 있다. 가장 많은 종족이 한국사람이다. 이것은 한국 사람들이 생명자본을 그리워한다는 뜻이다. 생명자본은 브루더호프 공동체가 갖고 있는 생산과 소득, 그 분배 안에 있는 사귐과 인격 있는 돈이다.

기본소득은 생명자본의 함께 하는 그 무엇이다. 생명자본에서는 모든 대상을 생산량을 확대하는 효율성을 가진 사람으로 보지 않는 것이다. 생명자본주의는 공동체원을 나의 일원으로 인정하는 것이며 나와 똑같은 생명을 가진 자로 받아들이는 행위로 나아가게 한다.

기본소득이 필요한 이유

첫째, 기본소득은 모든 사람이 나의 일원이며 생명의 한 부분임을 인정한 열매로서 나온다. 인간은 동등하게 살 기본권이 있다. 인간을 자본으로 이해하는 인간학은 기본소득을 이끌어갈 수 없다. 기본소득은 인간이 유물론적 인간이 아니라 소중하고 귀한 형상이라는 인간학에서 시작해야만 한다.

둘째, 기부와 창업으로 모든 공동체 구성원을 살릴 수 없다. 미국의 워런 버핏Warren Edward Buffett이 기부한 돈은 44조 정도 된다. 노블레스 오블리제를 실천하는 부자들이 미국에 많지만, 미국에는 절대 빈곤자가 20%가 넘는다. 이스라엘은 창업을 가장 잘하는 나라이지만 인구 24%가 절대 빈곤이다. 전 세계가 유대인의 교육을 부러워하나 이스라엘은 절대 빈곤 인구가 가장 높은 나라 중 하나임을 사람들은 모르고 있다.

셋째, 기본소득은 공동체의 경제를 성장시키기 때문이다. 2차 세계대전이나 대공황은 빈부격차 때문에 발생한 것이다. 부자가 부를 소유하더라도 소비하는 분량은 한정적이다. 대다수의 국민에게 소득이 발생되어야 소비하게 되고 그 소비로 인해 공동체의 경제는 성장한다. 화폐승수와 순환은 대다수의 국민들의 소비할 때 일어난다. 자본의 지속성에 기본소득은 중요한 역할을 한다.

넷째, 우리 후손의 안전망이 기본소득이기 때문이다. 나의 부가 후손의 부는 아니다. 나의 후손이 가난할 수도 있다. 예기치 않은 질병과 사고를 당할 수도 있다. 유산을 남겨주는 것보다 기본소득을 하는 사회를 물려주는 것이 가장 안전한 방법이다.

다섯째, 기본소득의 철학은 경제학보다는 인문경제학에 가깝다. 그리고 기본소득을 하는 공동체의 금융수준은 높아야 한다. 금융 수준이 높지 않으면 기본소득을 할 수가 없다. 생명자본에 대한 금융 지식의 수준 없이 기본소득의 사회적 합의는 어려울 것이다. 기본소득은 지속가능한 자본 확대를 이루게 하면서 동시에 도덕적 불감증을 없애고 스스로 경제적 독립에 대한 의지를 준다. 생명자본주의를 기초로 한 기본소득은 화폐가치와 공동체의 생명관계를 다루게 되어 정치인, 공무원 등의 부정부패를 줄이고 공동체 일원들로하여금 건강한 인격을 형성하도록 한다. 생명자본주의에 입각한 기본소득을 통해 금융지식에 대한 논의를 동시에 하게 되었을 때 사회의 도덕성은 높아질 것이다. 그러므로 기본소득은 도덕 불감증을 만들 수 있다는 우려를 종식시키고 오히려 공동체의 건강한 도덕성을 제공할 것이다.

기본소득의 실천방법

첫째, 국가의 기본인프라를 갖추어야 한다. 한국의 의료보험제도가 가장 좋은 의료 안전망이라는 것이 코로나19 때 확인이 되었다. 이처럼 국가는 기본소득과 더불어 사회 안전 기본인프라를 갖추어야 한다. 부자나 가난한 자가 동일한 혜택을 받을 수 있도록 해야 한다. 전기, 수도, 의료, 교육, 주택 부분은 공공으로 하는 것이 옳다. 특별히 주택부분은 독일 같은 공공자산재로 가는 것이 맞다. 우리는 공공의 기본인프라를 구축하는 동시에 기본소득제를 실시해야 한다. 굳이 선택하자면 기본인프라를 구축하면서 부분적 기본소득을 하는 것이 좋다고 필자는 생각한다. 광의적 기본소득과 협의적 기본소득을 구분하여 실시하는 것이 좋다고 생각한다. 광의적 기본소득은 전 국민에게 동일하게 주는 것이고 협의적인 부분은 노령연금처럼 특정 대상, 일부 지역에서 시행하는 것이다.

둘째, 지역화폐를 통해 기본소득을 실현해야 한다. 지역화폐의 자본 승수는 지역경제를 발전시킨다. 지역화폐는 소비하는 화폐이고 지역에서만 사용하기 때문에 지역경제 자본 승수가 일어난다. 그리고 서울 중심의 비대해진 경제구조를 완화할 수 있다. 약 40%가 다시 세금으로 걷어들여지기 때문에 경제적 효과와 세금 효과로 인해 자본의 속도와 순환이 빠른 효과를 가져온다. 각 지방자치제가 일 년 예산 안에 자치적으로 발행하도록 하고 중앙정부가 도움을 주어야 한다. 국채의 발행으로 인한 국가 부채도 줄일 수 있다. 이번 코로나19로 지역화폐의 효과를 모든 국민들이 경험한 좋은 실례이다.

셋째, 협동조합을 통한 기본소득을 실시하는 것도 좋은 예이다. 조합 회비를 낼 때 소득이 많은 자는 많이 내고 소득이 적은 자는 적게 내게 한다. 내가 아는 협동조합은 의료협동, 교육협동, 생활협동 세 가지를 구축하였다. 의사들은 아픈 할머니를 위해 일주일에 한 번 가정을 방문하고 아이들은 영어, 수학 등을 학원에서 무료로 배울 수 있다. 생필품을 지역 농민들과 계약하여 균일가격으로 공급받는다. 그리고 가난한 자들에게 무료로 대출도 해주어 자립경제를 만든다. 그리고 자립이 어려운 회원들에게 기본소득을 주면 된다.

넷째, 국가가 국부펀드를 운영하여 국부펀드에서 기본소득을 지급하는 방법이다. 노르웨이는 코로나19 때 64조를 국부펀드에서 지출하여 기본소득을 지급하였다. 1인당 6천만 원 정도를 지급할 수 있는 국부펀드를 조성하였다. 국부펀드를 통하여 기본소득을 운영하는 방법도 좋은 방법이다.

다섯째, 금융교육의 수준이 높아야 한다. 기본소득은 금융 수준

과 같이 간다. 기본소득은 가난한 자들의 모랄 해저드moral hazard·
도덕적 불감증을 준다는 주장이 있다. 그리고 자유시장 경제 이론에
어긋난다고 주장한다. 공동체 구성원들의 금융교육 수준이 낮은 것
을 기초로 하는 주장이다. 지금의 경제학은 소유경제학에 근거하고
있기 때문에 하는 주장이다. 생명자본주의에 입각한 금융교육은 경
제적, 정신적 독립을 주며 궁극적으로 부의 확장을 이루도록 한다.
생명자본에 입각한 새로운 금융교육은 부의 확장성과 공동체의 행
복론에 입각한 논의가 되어야 하며 정책자들이 결정하는 것이 아니
라 국민 대다수의 합의하에서 이루어지는 결정이 되어야 한다. 국민
대다수의 금융 수준이 높아져야 공동체 자본에 대한 의지가 높아
질 것이다. 그러므로 금융교육에 대한 환경이 조성되어야 한다. 정
책은 궁극적으로 시대적 의지가 반영되는 것이기 때문이다.

나의 실천 방법

기본소득을 실시할 수 있는 나라는 필자의 생각에 26개국 정도
될 것 같다. 기본소득은 자본이 어느 정도 형성이 된 나라에서만
실시할 수 있다. 나머지 200여개 국은 현재로는 어렵다. 기본소득
이 가능한 자본의 지속성이 결여되어 있기 때문이다. 우리나라는
기본소득을 실시할 수 있는 나라이다. 그래서 그 논의가 지금 되
고 있는 것이다.

하지만 나는 기본소득을 할 수 없는 가난한 나라의 청년들을 위한 창업센터를 만들어 스타트업을 하게 할 생각이다. 그 창업의 기본정신은 생명자본주의이다. 창업을 통하여 개인의 부를 확장하는 것이 아니라 공동체의 부를 확장하도록 만드는 것이다. 공동체의 부는 개인의 부의 확장과 별개의 것이 아니라 동일한 것이다. 공동체란 나를 제외한 이웃이 아니라 나를 포함한 이웃이기 때문이다. 나는 기본적인 복지 인프라를 구축하고 각자가 공동체의 부의 확장 안에서 살아가도록 하는 창업센터를 세우길 원한다.

필자는 가난한 나라 30개국에서 생명자본 공동체를 통해 기본소득 제도를 실현하고 싶다. 그러기 위해 가장 중요한 것은 금융교육의 수준이다. 올바른 화폐의 가치와 삶의 가치를 가르쳐야 하고 그것이 가장 인간다움의 삶이라는 것을 몸으로 경험하게 해야한다. 인간의 탐욕을 억제할 수 있는 유일한 길은 행복이다. 돈이 많다고 행복한 것은 아니다. 진정한 행복은 관계이다. 나, 이웃, 공동체가 포함된 관계의 행복이다. 기본소득을 하려면 정책과 더불어 금융교육의 수준이 높아져야 한다. 그것은 아담 스미스, 케인즈, 막스의 경제학에서 나오는 것이 아니라 섬김이 행복이라는 높은 가치에서 나온다. 소유의 경제학에서 생명의 경제학으로의 전환이 이상이라 할지라도 인간이 마땅히 추구해야 할 가치이다. 그 가치를 잃어버리는 순간, 모든 경제학은 탐욕의 경제학이 되고 공동체를 소멸하게 한다. 그것이 역사적 교훈이고 진리이다.

제8장

나가는 말

"프랑스는 기본소득을 시민들의 가난과 불안정을 타파할 뿐만 아니라 코로나시대에 직장을 잃고 생계를 걱정하는 사람들을 위한 해법으로 보고 있다. 국민들도 마찬가지다. 지난해 3월 옥스퍼드대학이 실시한 여론조사에 따르면, 프랑스인을 포함한 유럽인 71%가 기본소득에 찬성했다. 이는 2018년 1월 조사에서 63%가 반대했던 것과 비교하면 완전히 역전된 것이다. 위기의 시대 인류의 평화공존을 위한 해법이 기본소득이라는 것을 시민들은 알게 된 것이다. 로마의 프란체스코 교황도 마찬가지다. 그는 작년 4월 공개서한을 통해 기본소득을 옹호하고 나섰다."

고려대 평화와민주주의연구소 연구교수이자 파리정치대학 정치학박사인 최인숙이 경기일보에 기고한 내용이다. 프랑스를 포함한 유럽은 이제 기본소득에 대해 긍정적으로 견지한다고 최 박사는 전하고 있다. 71%가 기본소득에 찬성했다는 것은 절대적인 지지라고 해도 과언이 아니다. 전 세계적으로 영향을 미치는 프란체스코 교황도 기본소득을 옹호하고 나섰다. 최 박사는 다음과 같이 덧붙인다.

"우리도 이제 더 이상 기본소득을 선거용이라 매도만 해서는 안 될 일이다. 프랑스에서 보았듯이 코로나 위기에 경제도 살리고 국민도 살리려면 기본소득이 해법이다. 정치인들은 지금 여·야 가릴 것 없이 앞다퉈 기본소득을 쟁점화하고 재원마련에 지혜를 모아야 한다. 더 이상 기본소득은 선택지가 아닌 필수가 되고 있기 때문이다."

기본소득은 토론의 주제조차도 아니라고 최 박사는 급진적인 견해를 피력했다. 최 박사의 급진적 주장은 사실 맞는 말이다. 때가 급하다. 4차 산업혁명 시대가 이미 우리 안에 훅 들어왔기 때문이다.

이재명 지사는 페이스북에서 다음과 같이 적었다. "늘 기본소득, 기본금융대출, 기본주택 등 경제적 기본권에 대해 말씀드린다. 때로는 과하다 싶을 정도로 '기승전경제'를 외친다. 시간이 없기 때문이다. 유례없는 불황과 불평등에는 유례없는 해법이 필요하다. 우리에게는 더이상 과거의 제도나 관습, 사상에 얽매여 있을 시간이 없다."

이 지사의 말처럼 기본소득제를 실시해야하느냐 마느냐는 더는 이슈가 아닌 이유는 시간이 더는 없기 때문이다. 기본소득제를 어떻게 순차적으로 진행해야 하느냐가 맞는 지금 해야하는 토론이다.

기본소득제는 '망상', '공산주의' '사회주의' '이상주의', '포퓰리즘'이라고 폄하하는 사람들이 있다. 그 프레임에 막히면 새로운 시대는 우리 안에 깊숙이 자리하게 되고 대부분의 사람이 이전에는 겪지 못한 엄청난 어려움에 빠질 가능성이 매우 크다. 특히 청년 세대, 지금의 청소년 세대는 앞으로 엄청난 위기를 맞이 하게 된다.

전 국민을 대상으로한 기본소득이 시기상조라면 일단 청년 기본소득부터라도 시작해야 한다. 오늘날 대한민국 청년은 희망이 없다. 그들의 소원은 공무원이 되어 안정적인 기초 수입을 획득하는 것이다. 그들에게 창업은 언감생심이며 혹시라도 용기를 내어 창업을 했다 하더라도 한 번의 실패는 그들의 이마에 주홍글씨를 박이도록 한다.

창업, 창직을 하는 청년이 되어야 하는데 대부분 공무원 시험 준비에 몰두되어 있다. 이는 우리 사회가 그들에게 창업, 창직을 하는 사회적 시스템, 생명자본주의를 심어 주지 못한 탓이다. 보편적 청년 기본소득은 그러한 길을 열어주는 중대한 출발점이 될 것이다.

'동네 의사와 기본소득'이란 책을 쓴 의사 정상훈은 동아일보와의 인터뷰에서 "일에 매여 바쁘고, 먹고살기도 힘들고, 가족끼리 대화도 못 하는데 이웃의 처지에 신경 쓸 겨를이 없다. 기본소득이 있어서 자기 삶이 조금은 여유로워져야 조금 더 서로에게 도움이 될 수 있다. 궁극적으로는 세계 보편 기본소득을 원한다."라고 말했다.

의사 정상훈은 굉장히 중요한 말을 했다. 가족끼리 대화하고 이웃의 처지에 신경 쓰는 사람이 제대로 창업을 하고, 제대로 창직을 할 수 있다. 생각할 여유가 없고 남을 돌볼 여유가 없는데 어떻게 창업을 하고 창직을 할 수 있을까. 그것은 어불성설이다.

청년 기본소득제가 실시된다면 오늘날 청소년들은 어떤 마음을 갖게 될까. 청소년들은 미래가 보장되기에 자신이 원하는 일을 하기 위한 준비를 시작할 수 있고 남을 돌아보는 것이 자신의 미래와 밀접한 연관이 있음을 알게 될 것이다. 지금의 청소년은 그럴 여유가 없다.

청년 기본소득제는 지금 경기도에서 진행하는 1년 100만원 수준이 아니라, 월 60만원 이상의 수준이 되어야 한다. 그래야 청년이 새로운 시대를 제대로 준비할 수 있다. 청년 기본소득의 궁극적인 목적은 청년들에게 기본적 안정을 높임으로써 '청년들의 진취성과 모험성을 자극하고, 청년들의 일자리 환경을 개선하며 이들에게 풍성한 삶의 기회를 제공하기 위함'이다. 이는 곧, 청년의 생애주기에서 성인으로 옮겨가는 동안 경제적 안정을 보장하여 진학, 취업, 결혼, 독립 등을 원활하게 진행될 수 있도록 하는 이상적인 사회안전망이다.

청년 기본소득제를 기본화폐형 기본소득으로 진행하면 이는 소상공인들에게도 희소식이다. 현금으로 지급하면 돈이 은행이나 장롱 속으로 들어가 경기활성화가 되지 않는데 이를 필요한 곳에 쓰게 하면 경제 부양책도 동시에 진행되기 때문이다. 이재명 지사는 "모두가 경제적 풍요를 일부나마 함께 누리고, 소비와 수요 확대를 통해 지속성장을 이끌어 내야하는데 가장 유용한 수단 중 하나가 바로 지역화폐형 기본소득이다"라고 그의 페이스북에서 주장한 바 있다.

그의 주장은 꽤 설득력이 있다. 청년을 살리고 소상공인을 살리는 기본소득제가 실행되면 전 국민 대상의 기본소득제에 대한 논의와 연구가 더 활발히 진행될 것이고 이는 마치 K-방역이 전 세계에 선한 영향을 미친 것처럼 기본소득을 도입하려는 나라들에 좋은 모본이 될 것이다. 우리는 이를 K-기본소득이라고 부르고 싶다. 즉 기본화폐형 기본소득은 K-기본소득인 것이다.

K-기본소득제는 생명자본주의 교육이 기초가 되기를 바란다. K-기본소득제는 지역화폐형이 되기를 바란다. K-기본소득제의 시대를 대한민국 국민 모두가 준비하기를 바란다. 이것이 전 세계 많은 나라에 좋은 모델이 되기를 바란다.

참고문헌

영어 문헌

• Arnold, C. 2020. Pandemic speeds largest test yet of universal basic income, Nature. Retrieved from https://www.nature.com/articles/d41586-020-01993-3

• Bonin, H., Gregory, T., & Zierahn, U. 2015. übertragung der Studie von Frey/Osborne 2013 auf Deutschland: ZEW Kurzexpertise.

• Cline, S. 2019. Andrew Yang: Where He Stands, U.S. News. Retrieved from https://www.usnews.com/elections/andrew-yang

• Cooney, D. 2019. How would Andrew Yang give Americans $1,000 per month? With this tax, PBSnews. Retrieved from https://www.pbs.org/newshour/politics/how-would-andrew-yang-give-americans-1000-per-month-with-this-tax

• Esping-Andersen, G. 1990. The three worlds of welfare capitalism: Princeton University Press.

• Esping-Andersen, G. e. a. 2002. Why We Need a New Welfare State? Oxford University Press.

• Forum, W. E. 2015. Navigating the next industrial revolution. Retrieved from.

• Frey, C. B., & Osborne, M. 2013. The future of employment.

• Halm, M. 2020. Andrew Yang: 'I would 100% run for office again', Yahoo! Finance. Retrieved from https://finance.yahoo.com/news/andrew-yang-joe-biden-2024-elections-173346794.html

• HILTZIK, M. 2020. Column: COVID-19 may make universal basic income more palatable. That's a good thing, LA Times. Retrieved from https://www.latimes.com/business/story/2020-05-22/covid-19-universal-basic-income

• Hunt, L. 2020. Andrew Yang wants to take the fight to Dana White's UFC, The Guardian. Retrieved from https://www.theguardian.com/sport/2020/nov/03/andrew-yang-ufc-aliact-fighter-payment

• Kaminska, I. 2020. How might the furlough schemes evolve, THE FINANCIAL TIMES. Retrieved from How might the furlough schemes evolve

• Kelly, J. 2020. U.S. Lost Over 60 Million Jobs—Now Robots, Tech And Artificial Intelligence Will Take Millions More. Forbes.

• Klein, E. 2020. Andrew Yang on 2020, UBI, and fixing government, VOX. Retrieved from https://www.vox.com/21419805/universal-basic-income-yang-gang-biden-2020-the-ezraklein-show

- Kluth, A. 2020. Would a universal basic income make us lazy or creative?, Japan Times. Retrieved from https://www.japantimes.co.jp/opinion/2020/10/05/commentary/world-commentary/universal-basic-income-lazy-creative/
- Lerer, L. 2020. Win or Lose, Trump and Biden's Parties Will Plunge Into Uncertainty, The New York Times. Retrieved from https://www.nytimes.com/2020/11/02/us/politics/trump-biden-republicans-democrats.html
- McCracken, G. 1988. The long interview Vol. 13: Sage.
- OECD. 2017. 'Basic Income as a policy option': Can it add up? policy brief on the future of work.
- Offe, C. 1997. Towards a New Equilibrium of Citizen' Rights and Economic Resources? in Goodin, R. E. & Michell, D. eds.. . The Foundations of the Welfare State, Volume I. An Elgar Reference Collection, pp.87-114.
- Offe, C. 2000. The German Welfare State: Principles, Performances and Prospectives after Unification. Thesis Eleven, 63, pp.11-37.
- Paine, T. 2004. Agrarian justice 1797 The Origins of Universal Grants pp. 3-16: Springer.
- Romanyshyn, J. M., & Romanyshyn, A. L. 1971. Social welfare: Charity to justice: Random House NY.
- Staff, N. 2020. UBI - could the free money scheme work?, newsroom. Retrieved from https://www.newsroom.co.nz/podcast-the-detail/ubi-could-the-free-money-scheme-work
- Standard, E. 2020. Comment: CNN's Julia Chatterley asks if America should consider a universal basic income as Election Day looms, Evening Standard. Retrieved from https://www.standard.co.uk/business/universal-basic-income-american-election-b41062.html
- Standing, G. 2002. Beyond the New Paternalism: Basic Security as Equality. London and New York, Verso.
- Stefano Lucarelli, A. F. 2008. Basic income and productivity in cognitive capitalism. Review of social economy, 71-92.
- Stephens, M. 2020. A conservative look at universal basic income, Gainesville Sun. Retrieved from https://www.gainesville.com/story/opinion/2020/10/08/guest-columnist-conservative-look-universal-basic-income/3594284001/
- Sullivan, K. 2019. Andrew Yang was groomed for a high-paying job at an elite law firm. He lasted five months., The Washington Post. Retrieved from https://www.washingtonpost.com/politics/2019/10/28/andrew-yang-was-groomed-high-paying-job-

an-elite-law-firm-he-lasted-five-months/?arc404=true

- Van Parijs, P. 2006. Basic Income : A Simple and Powerful Idea for the Twenty-first Century, Edited by Wright, Erik Olin, 2006, Redesigning Distribution: Basic Income and Stakeholder Grants as Cornerstones for an Egalitarian Capitalism, Verso. Verso.
- WEF. 2017. The Global Risks Report 2017: WEF Geneva.
- WEF, F. 2016. The Global Competitiveness Report 2016-2017. Paper presented at the World Economic Forum.
- Widerquist, K. 2017. Basic income's third wave. Open Democracy.
- Wikepedia. 2020. Andrew Yang. from Wikipedia https://en.wikipedia.org/wiki/Andrew_Yang
- Wikipedia. 2020. Universal basic income.
- Yancey-Bragg, N. d. 2020. California city to give 800 residents free cash in the country's largest guaranteed income program, USA Today. Retrieved from https://www.usatoday.com/story/news/nation/2020/10/20/compton-california-launches-universal-basic-income-program/5993508002/

한국어 문헌

· 4차산업혁명위원회. 2018.. 4차 산업혁명시대 보편적 사회보장제도 도입에 관한 연구. 한국재정학회, 4차 산업혁명위원회.
· BIKN. 2020. 홈페이지.
· 강남훈. 2009. 불안전노동자와 기본소득. 마르크스주의 연구, 102 pp.12-42.
· 강남훈. 2016.7.9. 인공지능 소득, 모든 이에게 1/n 권리있다. 오마이뉴스, 정대망, http://www.ohmynews.com/NWS_Web/View/at_pg.aspx?CNTN_CD=A0002224826.

· 경기도. 2020. 경기지역화폐 도입성과 조사. 케이스탯리서치.
· 고용노동부. 2020.5.21. 포스트 코로나 시대, 고용정책이 나아갈 방향은? 고용노동부, 보도자료.
· 고용노동부. 2020. 5월. 사업체노동력조사 보고서.
· 곽노완. 2017. 사회주의와 기본소득: 로머의 사회배당 및 하워드의 기본소득 개념의 재구성. 마르크스주의 연구, 143, 122-143.
· 교육부. 2017 교육부 정책연구보고서 제4차 산업혁명과 미래교육 실천방안. 교육부, 한국교육개발원.
· 국회예산정책처. 2020. 3.14. 코로나19 대응 긴급재난지원금 관련 사례분석.
· 권남훈, 김우찬. 2020. 10.30. 경제학자 대다수, 기본소득에 부정적. 문화일보.
· 금재호. 2013. 청년의 고용불안과 재취업. 노동리뷰, 66-82.
· 김경희. 2020. 코로나발 일자리 지각변동, 식당 취업자 줄고 배달원 사상 최대, 중앙일보. Retrieved from https://news.naver.com/main/read.nhn?mode=LSD&mid=sec&sid1=101&oid=025&aid=0003044832
· 김광호. 2018. 이재명 "국토보유세 신설해 기본소득제 재원 마련", 연합뉴스. Retrieved from https://www.yna.co.kr/view/AKR20180705145500061
· 김교성. 2009. 기본소득 도입을 위한 탐색적 연구. 사회복지정책 362, pp.33-57.
· 김교성, 백승호, 서정희, & 이승윤. 2017. 기본소득의 이상적 모형과 이행경로. 한국사회복지학, 693, 289-315.
· 김교성, 백승호, 서정희, & 이승윤. 2018. 기본소득이 온다: 사회평론 아카데미.
· 김기헌. 2017. 청년 정책의 현황 진단과 개선 방향. 보건복지포럼, 20172, 54-68.
· 김남희. 2020. 조정훈, 국내 최초 '기본소득 재정법' 발의…"月30만원 지급", 뉴시스. Retrieved from https://news.naver.com/main/read.nhn?mode=LSD&mid=sec&sid1=100&oid=003&aid=0010080839
· 김미나. 2020. 10대정책 맨앞에 '기본소득'…통합당, 중도확장 전략 공식화, 한겨레신문. Retrieved

from http://www.hani.co.kr/arti/politics/assembly/957711.html#csidx851acf118af28fc99
09954b1fc428f6

· 김미영. 2017. 대학생의 취업스트레스와 심리적 안녕감의 관계: 희망을 통한 불확실성에 대한 인내력 부족의 조절된 매개효과 검증. 청소년학연구, 246, 29-51.

· 김미옥, 최혜지, 정익중, & 민소영. 2017. 사회복지실천의 미래- 사람과 사람. [Future of Social Work Practice- Human, human again -]. 한국사회복지학, 694, 41-65.

· 김민정. 2020. 은수미 성남시장 "공공의료 강화, 반드시 가야 할 길", 오마이뉴스. Retrieved from http://www.ohmynews.com/NWS_Web/View/at_pg.aspx?CNTN_CD=A0002672318&CMPT_CD=P0010&utm_source=naver&utm_medium=newsearch&utm_campaign=naver_news

· 김상준. 2020. 김종인이 띄운 '기본소득', 이원욱 '증세'로 받았다, 머니투데이. Retrieved from https://news.mt.co.kr/mtview.php?no=2020060420190926995

· 김세응. 2015. 기술 진보 에 따른 노동 시장 변화와 대응: Han'guk Nodong Yŏn'guwŏn.

· 김수완·최종혁(2018. 노인장기요양과 기술혁신형 사회서비스- 가능성과 조건의 탐색. 한국노인복지학회 학술대회 발표자료.

· 김신회. 2020. 매달 170만원을 준다면 독일도 '기본소득' 실험. business plus, https://www.businessplus.kr/news/articleView.html?idxno=31023.

· 김연명. 2015. 한국의 복지국가, 최악의모형으로 갈수도 있다. 동아시아재단.

· 김우성 Writer. 2016. [생생인터뷰] 빈곤층 소득늘면 경제성장 촉진 - 박승 전 한국은행 총재. 서울: YTN 라디오.

· 김유선. 2016. '저출산과 청년 일자리'.

· 김윤나영. 2017. 이재명, 대선주자로 첫 '기본소득' 개념 공약, 프레시안. Retrieved from https://www.pressian.com/pages/articles/148207#0DKU

· 김윤진. 2016.01.29. 시민들에게 영구기금 배당금 나눠주는 도시는? 매일경제, https://www.mk.co.kr/news/world/view/2016/2001/84114/.

· 김재용. 2020. 기본소득으로 가는 디딤돌:경기도모형. 경기도.

· 김재중. 2020.3.19. 코로나19로 재조명 받는 앤드류 양의 기본소득 공약. 경향신문, http://news.khan.co.kr/kh_news/khan_art_view.html?art_id=202003191233001.

· 김정숙. 2018. 대졸 청년의 노동시장이행 수준이 정신건강에 미치는 영향. 한국교육학연구 구 안암교육학연구, 241, 93-117.

· 김정현, & 박성원. 2017. 트랜스휴머니즘 등장에 따른 사회복지의 미래 이슈. [Social Welfare Issues of the Future in the Rise of Transhumanism]. 미래연구, 21, 57-93.

· 김정현, & 박성원. 2017. 트랜스휴머니즘 등장에 따른 사회복지의 미래 이슈. [Social Welfare Issues of the Future in the Rise of Transhumanism]. 미래연구, 21, 57-93.

· 김종규. 2017. 제4차 산업혁명과 공공소득. 성균관대학교 인문학연구원성균관대학교 인문과학연구소, 27-59.

· 김종엽. 2003. [특집/계급과 불평등] 한국 사회의 교육 불평등. 경제와사회, 59, 55-77.

· 김종욱, 지상훈. 2020. 2020년 상반기 산업별 노동시장 평가. 월간 노동리뷰, 8호.

· 김종철. 2020. 이재명, 파란만장 인생처럼 대선주자 지지율도 역전할까, 한겨레신문. Retrieved from http://www.hani.co.kr/arti/politics/administration/956958.html

· 김지영, & 추주희. 2019. 광주청년드림수당의 청년소득보장정책적 효과와 만족도 연구. 인문사회 21, 102, 1503-1517.

· 김찬휘. 2020. 기본소득의 해외사례. 경기도, https://www.youtube.com/watch?v=cML6eL0Yz60.

· 김초복, 이우진, 이효녕, 허새롬, & 신창환. 2017. 제 4차 산업혁명시대, 취약계층 아동·청소년의 적응적 성장을 위한 종단중재 기반 연구: NRF KRMKorean Research Memory.

· 김태완, 김미곤, 여유진, 이태진, 김기태, 김현경, . . . 정은희. 2019. 포용복지와 사회정책 방향: 한국보건사회연구원.

· 김혜연. 2014. 기본소득 제안이 여성의 경제적 상태에 미치는 효과 분석. 사회복지정책, 411, 92-139.

· 김효진. 2017.4.25. 캐나다 온타리오주 '1인당 연 1400만원' 기본소득제 도입. 한겨레, http://www.hani.co.kr/arti/international/america/792172.html.

· 김희연. 2020. 4. 23. 코로나19 이후 사회보장정책은? 중앙일보 기사.

· 나병균. 2002. 사회보장론. 나눔의 집.

· 나한아. 2020. 이재명, "판동초 기본소득 실시에 '울컥'" … 기본소득 필요성 다시 제고, 아시아경제. Retrieved from https://www.asiae.co.kr/article/2020102514051466587

· 남세진·조흥식. 1995. 한국사회복지론. 나남출판사.

· 남재량. 2011. 최근 청년 니트 의 현황과 추이 NEET. 노동리뷰, 29-40.

· 남희은, 김남숙, 김선희, 임유진, 이미란, 배은석. 2018. 한국의 미래 사회변화에 대응하는 사회복지교육에 대한 전문가 인식. 한국사회복지교육, p55-80.

· 남희은, 백정원., 이희윤, 임유진. 2017. 장애인복지관 종사자의 4차 산업혁명 인식에 대한 탐색적 연구. 한국장애인복지학, 237-266.

· 노기성. 2011. 사회서비스정책의 현황과 과제: 사회복지서비스를 중심으로. [KIIP] 한국지식재산연구원 도서 DB, 0-0.

· 노기성. 2017. 사회서비스 정책의 현황과 과제 : 사회복지서비스를 중심으로.

· 도모히로 이노우에. 2017. 2030 고용절벽 시대가 온다: 4차 산업 혁명은 일자리를 어떻게 변화시킬까? : 다온북스.

· 라벤토스, 다니엘., 이한주, & 이재명역. 2016. 기본소득이란무엇인가. 서울: 책담.

· 리얼리티. 2020. 기본소득 도입 여론조사 "찬성 48,6%, 반대 42.8% 팽팽". M이코노미뉴스, 2020. 6. 8.

· 문성진. 2020. 오세훈 "與유력주자 이재명 '기본소득'에 '안심소득'으로 맞설 것"[청론직설], 서울경제. Retrieved from https://www.sedaily.com/NewsView/1ZACAZK6NA

· 미래창조과학부. 2017. 4차 산업혁명에 대응한 지능정보사호 중장기 종합대책.

· 박미선. 2017. 1 인 청년가구 주거여건 개선을 위한 정책 지원 방안. 국토정책 Brief627, 1-8.

• 박미선. 2017. 1인 청년가구를 위한 주거복지 정책방향. 국토연구원.

• 박성재, & 반정호. 2012. 청년 취업자의 저임금근로 진입과 탈출에 관한 연구: 노동이동의 효과를 중심으로. 사회보장연구, 281, 163-190.

• 박성진. 2017.1.30. 佛 집권 사회당 대선후보에 아몽···기본소득 공약한 '선명 좌파'. 연합뉴스, https://www.yna.co.kr/view/AKR20170130004100081.

• 박영숙. 2017. 일자리 혁명 2030: The Business Books and Co., Ltd.

• 박영숙, 제롬. 글렌. 2019. 세계미래보고서 2020: The Business Books and Co., Ltd.

• 박이, & 은실. 2014. 페미니스트 기본소득 논의의 지평확장을 위하여. 페미니즘 연구 제14권 제1호, 3-34.

• 박준용, & 김양진. 2020. 눈치보지 않는 노동 출발점은 기본소득, 한겨레신문. Retrieved from http://www.hani.co.kr/arti/society/society_general/970733.html#csidx2de73c9553b1943bf08cd0c528f4ad2

• 박홍규. 2007. 글로벌리제이션과 노동법의 변화에 대한 비교연구. 지역사회연구, 154, 3-18.

• 배태용. 2019. 10. 4. 청년들 공짜·퍼주기 보이콧 "분배·평등 보단 성장·자율". 스카이데일리.

• 백승호. 2010. 기본소득 모델들의 소득재분배 효과 비교분석. 사회복지연구, 413, 185-212.

• 백승호, & 이승윤. 2018. 기본소득 논쟁 제대로 하기. 한국사회정책, 253, 37-71.

• 변금선. 2012. 청년층의 근로빈곤 요인에 관한 연구: 고용불안정과 고용상태가 빈곤이행에 미치는 영향을 중심으로. 한국사회복지학, 643, 257-279.

• 변이철, & 윤철원. 2020. 이재명 "내가 돌출적? 김종인의 혹평은 정치적 공격일 뿐", 노컷뉴스.

• 변이철, & 윤철원. 2020. 이재명 "뼈저린 가난은 내 정치적 열망의 원천", 노컷뉴스. Retrieved from https://www.nocutnews.co.kr/news/5451266

• 변재현. 2016. 10.13. 오바마 AI, 고급 일자리에도 타격. 서울경제, https://www.sedaily.com/NewsVIew/1L2OGRV7A0.

• 보건복지부. 2020. 복지도 기초부터 튼튼하게 사회안전망을 강화하겠습니다. 보건복지부.

• 보건복지부, 한국보건사회연구원. 2017. 포용적 복지국가 비전과 정책방향.

• 정부보도자료, 2020. 3. 30. 긴급재난지원금 도입 방안.

• 비전성남. 2017. 이재명 "기본소득은 지속적인 성장 발전의 씨앗", 비전성남. Retrieved from http://snvision.seongnam.go.kr/sub_read.html?uid=7376

• 대통령직속 4차 산업혁명위원회, 2017. 혁신성장을 위한 사람 중심의 4차 산업혁명 대응계획.

• 대통령직속 4차 산업혁명위원회. 2018. 4차 산업혁명위원회 주요성과 및 추진방향.

• 대통령직속 4차 산업혁명위원회. 2018. 문재인 정부 포용국가 비전과 전략: 국민의 삶의 질 바꾸는 포용과 혁신의 사회정책.

• 서민준. 2020.4.27. 512조 슈퍼예산으로 복지 '펑펑' 정작 코로나 대응에 쓸 돈 모자라. 한국경제, https://www.hankyung.com/economy/article/202004260688i.

• 서울시. 2018. 2017 서울시 주거실태조사 보고서.

• 서울시의회. 2015. 서울시 1인가구 대책 정책연구.

• 서정희. 2017. 기본소득의 국가별 실험. 월간 복지동향221, 22-27.

• 서정희, & 조광자. 2008. 새로운 분배제도에 대한 구상-기본소득 Basic Income 과 사회적 지분급여 Stakeholder Grants 논쟁을 중심으로. 사회보장연구, 241, 27-50.

• 석재은. 2018. 기본소득에 관한 다양한 제안의 평가와 과도기적 기본소득의 제안: 청장년 근로시민 기본소득이용권. 보건사회연구, 382, 103-132.

• 성은미. 2002. 새로운 사회적 권리로서 기본소득. 사회복지와 노동, 5, 41-61.

• 셀, 엘런 러펠. 2019. 일자리의 미래. 예문아카이브.

• 손성원. 2020. '개천 용' 이재명, 육쇄 풀고 대선 잠룡 되기까지, 한국일보. Retrieved from https://www.hankookilbo.com/News/Read/A202007161555000 5435?did=NA

• 손제민. 2013.8.28. 마틴루터 킹과 기본소득. 경향신문, http://news.khan.co.kr/kh_news/khan_art_view.html?art_id=201308282143575.

• 송수진. 2020. [초심박제] 용혜인 "소수정당 설움 딛고 기본소득 입법 완성할 것", KBS. Retrieved from http://news.kbs.co.kr/news/view.do?ncd=5054231&ref=A

• 순정우. 2019. 이재명표 '청년기본소득' 4월 시행...24세 청년에 연 100만원 지급, 뉴스핌. Retrieved from http://www.newspim.com/news/view/20190328000319

• 슈밥, 클라우스., & 송경진역. 2016. 클라우스 슈밥의 제 4 차 산업혁명, 새로운 현재.

• 스탠딩, G. 2014. 프레카리아트: 새로운 위험한 계급. 김태호, 역. 박종철출판사원서출판, 2011.

• 신승훈. 2020. [소수당을 주목하라] ②기본소득당, 용혜인...소신행보 주목, 아주경제. Retrieved from https://www.ajunews.com/view/20201119180936798

• 신영규. 2018. 기본소득 도입에 대한 유럽 국가들의 여론. 국제사회보장리뷰, 2018겨울, 121-125.

• 오펜하이머, 안드레스. 2020. 2030 미래 일자리 보고서: 가나출판사.

• 안현효. 2010. 기본소득과 고진로 산업정책. 기본소득국제학술대회 자료집.

• 안현효. 2019. 기본소득을 통한 4차 산업 혁명기 교육 혁신의 실천. 마르크스주의 연구, 102.

• 안효상. 2020. 코로나바이러스, 재난 기본소득, 그리고 이후. 기본소득한국네트워크, 2020년 봄호4월, 19-22.

• 양, 앤드류. 2019. 보통 사람들의 전쟁. 흐름출판.

• 양재진. 2017. 기본소득에 대한 비판적 고찰. 화우공익재단 제3회 공익세미나 기본소득의 도입가능성 및 한계에 대한 쟁점토론 자료집, 34-46.

• 여성문화이론연구소. 2015. 페미니즘의 개념들: 동녘.

• 여유진, 김미곤 외. 2017. 한국형 복지모형 구축 - 복지환경의 변화와 대안적 복지제도 연구. 한국보건사회연구원.

• 염명배. 2018. 4 차산업혁명 시대, 경제패러다임의 전환과 새로운 경제정책 방향. 경제연구, 364, 23-61.

• 크래프트메리, 올프턴. 2018. 여성의 권리 옹호: 책세상.

• 유삼현. 2019. 한국의 사회동향: 다가오는 인구 수축사회: 인구구성과 가족구조의 변화. 통계청.

• 윤도현. 2003. 신자유주의와 대안적 복지정책의 모색. 한국사회학, 371, 51-66.

• 윤명숙, & 이효선. 2012. 대학생의 우울, 취업스트레스가 자살생각에 미치는 영향: 문제음주의 조절효과. 청소년학연구, 193, 109-137.

• 윤석만. 2020.2.11. 1% 대 99% 양극화 담론에 전 세계 젊은 관객들 큰 반향 [출처: 중앙일보] [view] 1% 대 99% 양극화 담론에 전 세계 젊은 관객들 큰 반향. 중앙일보 기사.

• 윤정향. 2002. 기초소득의 도입가능성연구, 한국노총 중앙연구원.

• 윤진호. 2010. 신자유주의 시대의 고용불안과 청년실업. 황해문화, 67, 240-258.

• 윤홍식. 2016. 기본소득, 복지국가의 대안이 될 수 있을까?: 탈상품화 대 탈노동화. 한국사회보장학회 정기학술발표논문집, 20162, 995-1028.

• 윤홍식. 2017. 기본소득, 복지국가의 대안이 될 수 있을까?-기초연금, 사회수당, 그리고 기본소득. 비판사회정책. 54, 81-119.

• 이규화. 2020. [고견을 듣는다] "유동성·저금리發 부동산 쏠림 現상황 매우 위험… 연착륙 접근 절실", 디지털 타임스. Retrieved from http://www.dt.co.kr/contents.html?article_no=2020071702100569660001&page_info=relate

• 이규화. 2020. [박승 前한국은행 총재에게 고견을 듣는다] "코로나 이후 경제, 큰 정부·내수확대성장정책 불가피할 것", 디지털타임스. Retrieved from http://www.dt.co.kr/contents.html?article_no=2020071702100569660002&page_info=relate

• 이길우. 2020. [이길우 人사이트] 이재명 "수면제 먹었는데 소화제 줬더라…그후 죽을 힘 다해 살았다", 뉴스1. Retrieved from https://www.news1.kr/articles/?4023992

• 이다비. 2017.10.16. '신新 러다이트'를 막아라…실리콘밸리가 앞장서는 기본소득. 조선비즈, https://biz.chosun.com/site/data/html_dir/2017/2010/2016/2017101600282.html.

• 이명현. 2006. 복지국가 재편을 둘러싼 새로운 대립축: 워크페어 개혁과 기본소득 구상. 사회보장연구, 223, 53-76.

• 이병희. 2020. 이재명 "김종인, 기본소득 개념만 알고 주장하는 분?", 노컷뉴스. Retrieved from https://news.naver.com/main/read.nhn?mode=LSD&mid=sec&sid1=102&oid=003&aid=0009903284

• 이상배, 박정미, 박은아, & 박제일. 2017. 중학생이 지각한 부모의 양육태도와 부모-자녀 간 의사소통 방식이 인터넷 게임중독에 미치는 영향. [The Effect of the Perceived Parental Attitude of Middle School Students and Parent-Child Communication Style on Internet Game Addiction]. 한국동서정신과학회지, 201, 103-118.

• 이승윤·이정아·백승호(2016. 한국의 불안정 청년노동시장과 청년기본소득 정책안. 비판사회정책. 52.

• 이영규. 2020. 성남시의료원 27일 '지각 개원'…코로나19로 개원 시기 늦춰져, 아시아경제. Retrieved from https://view.asiae.co.kr/article/2020072415213079824

• 이우성. 2020. 이재명 "증세없이 기본소득 가능…공개토론하자", 연합뉴스. Retrieved from https://www.yna.co.kr/view/AKR20200605167400061?input=1195m

- 이원재. 2019. 기본소득과 사회혁신: 자유안정성의 관점에서. IDI 도시연구15, 31-58.
- 이원재. 2019. 소득의 미래: Kyobobook MCP.
- 이율. 2019.3.10. '빈익빈 부익부…''1대 99의 사회'. 연합뉴스.
- 이은정 & 신현숙. 2016. 부모기대와 부모-자녀 의사소통이 교사-학생관계에 미치는 영향: 아동의 정서인식과 정서조절의 중다매개효과. [Children's Emotion Awareness and Regulation as Mediators in the Associations Between Parent-Child Relationships and Teacher-Student Relationships]. 아동교육, 252, 293-312.
- 이은지, 차민지. 2020. [노동:판]'종합병원' 수준 몸 상태에도…과로가 일상인 택배 노동자들, 노컷뉴스. Retrieved from https://news.naver.com/main/read.nhn?mode=LSD&mid=sec&sid1=102&oid=079&aid=0003420471
- 이인실, 박승준. 2015. 우리나라의 재정건정성과 정책조합. 한국재정학회, 4차산업혁명위원회.
- 이재명. 2017. 이재명은 합니다: 위즈덤하우스.
- 이재명. 2017. 이재명의 굽은 팔: 김영사.
- 이재은. 2020. 코로나로 불붙은 '기본소득'논쟁, 도입 검토해야 vs 효과없어. 조선비즈.
- 이정민. 2020.3.22. 새 일자리와 노동, AI와의 공생에 답이 있다. 주간동아.
- 이태진, 우선희, & 최준영. 2017. 청년층의 주거 실태는 어떠한가. 보건복지포럼, 20172, 38-53.
- 이혜경, & 남찬섭. 2005. 한국 사회복지학의 고등교육 50년 : 사회복지의 제도화와 고등교육의 대중화를 배경으로. 한국사회복지교육, 11, 69-95.
- 이홍직, 최지원. 2015. 글로벌 금융위기 이후 가계소비 부진 배경 분석: 소득-소비간 연계성 약화 요인을 중심으로. 한국은행, 조사통계월보 20158호, 16-36.
- 임병인. 2016. 4대 사회보험 사각지대의 현황 분석 및 정책과제. 한국조세재정연구원.
- 임병인, 김성태, & 정지운. 2015. 1-2 인 가구증가의 소득불평등도와 소득격차에 대한 기여도 분석. 디지털융복합연구, 1312, 31-39.
- 임지선, & 김상범. 2020. '기본소득' 포문 연 김종인…정치권 논의 물꼬 트였다, 경향신문. Retrieved from https://news.khan.co.kr/kh_news/khan_art_view.html?artid=202006041808001#csidx252825878dfc345b82728e6370a233b
- 국회입법조사처. 2016. 저출산 관련지표의 현황과 시사점.
- 장인호. 2017. 기본소득제도의 논의배경과 한계에 관한 연구. 미국헌법연구, 283, 297-342.
- 장충식. 2020. 이재명, "홍남기 기본소득 논의조차 가로막고 있다", 파이낸셜뉴스. Retrieved from https://www.fnnews.com/news/202010081357313185
- 장태용. 2020. I·4차 산업혁명 시대…미래 내 직업은 어디서 찾을까, 한국경제. Retrieved from https://news.naver.com/main/read.nhn?mode=LSD&mid=sec&sid1=004&oid=015&aid=0004423829
- 정상훈. 2020. [동네의사와 기본소득 ⑭] 모두에게 상상할 수 있는 자유를 허락하자, 오마이뉴스. Retrieved from http://www.ohmynews.com/NWS_Web/View/at_pg.aspx?CNTN_CD=A0002650028&CMPT_CD=P0010&utm_source=naver&utm_medium=newsearch&utm_

campaign=naver_news

• 정상훈. 2020. [동네의사의 기본소득 ③] 진정한 포용사회만이 감염병 확산 막을 수 있다, 오마이뉴스. Retrieved from http://www.ohmynews.com/NWS_Web/View/at_pg.aspx?CNTN_CD=A0002619436&CMPT_CD=P0010&utm_source=naver&utm_medium=newsearch&utm_campaign=naver_news

• 정상훈. 2020. [동네의사의 기본소득①] 한 사람을 '독립된 인격체'로 살아가게 만드는 기본소득, 오마이뉴스. Retrieved from http://www.ohmynews.com/NWS_Web/View/at_pg.aspx?CNTN_CD=A0002613449

• 정상훈. 2020. [동네의사의 기본소득④] 봉쇄가 아니라 '선택권'이 필요한 사람들, 오마이뉴스. Retrieved from http://www.ohmynews.com/NWS_Web/View/at_pg.aspx?CNTN_CD=A0002621770

• 정원석. 2020.8.11. 수해커지는데 나라곳간은 텅텅.. 현금성복지로 재정 낭비한 탓. 조선비즈 10, https://biz.chosun.com/site/data/html_dir/2020/2008/2011/2020081102609.html.

• 조남경. 2017. 기본소득 전략의 빈곤 비판: 호혜성, 노동윤리, 그리고 통제와 권리. 사회보장연구, 333, 253-269.

• 조영림, & 문승현. 2017. 장기취업준비생의 취업준비활동에 대한 사례연구: 취업스트레스와 대처자원을 중심으로. 청소년학연구, 249, 145-175.

• 조용민. 4차 산업혁명시대, 미래자녀교육, 자신을 혁신하는 방법, 세바시.

• 조정환. 2010. 인지자본주의에서 가치화와 착취의 문제 : 자율주의의 관점. 문화과학, 64호, 19-48.

• 조준혁. 2020. '경기도식 재난지원금' 보편 지급하는 이재명…자신감 근거는?, 한국경제. Retrieved from https://www.hankyung.com/politics/article/2020091457467

• 주영재. 2020. [주목! 이 사람]「동네 의사와 기본소득」 책 출간한 프리랜서 의사 정상훈씨 "기본소득, 삶을 다채롭게 한다", 주간경향. Retrieved from http://weekly.khan.co.kr/khnm.html?mode=view&code=115&artid=202011131509551&pt=nv

• 지은정. 2006. 베버리지 보고서의 사회보장 원칙과 가정에 대한 비판의 타당성 검토. 청목출판사, 2006.

• 채만수. 2010. 과학에서 몽상으로 사회주의의 발전·발전·발전!:'기본소득 국제학술대회'2010. 1. 27-29에 부쳐. 정세와노동54, 17-45.

• 최미혜. 2017. 대학생의 취업스트레스 경험에 관한 연구: 근거이론을 중심으로. 학교사회복지, 39, 347-375.

• 최인숙. 2019. 기본소득제 실현가능성: 프랑스 사례. 통합유럽연구, 101, 143-177.

• 최인숙. 2021. '프랑스 기본소득, 유토피아 아닌 현실', 경기일보. Retrieved from https://www.kgnews.co.kr/news/article.html?no=630466

• 최현수, 오미애. 2017. 4차 산업혁명 및 지능정보사회의 사회적 위험과 복지 패러다임 전환 필요성. 한국보건사회연구원, 보건·복지 Issue & Focus 333호, 1-8.

• 크루그먼, 폴. 2020. 세계 석학들이 내다본 코로나 경제 전쟁: Maekyung Publishing.

- 크리스텐, 클레이튼. 2018. 파괴적 혁신 4.0: 세종서적.
- 통계청. 2019. 국가통계포털 http://www. kosis. kr.
- 판파레이스, 필리페 2018. 21세기 기본소득: 흐름출판.
- Van Parijs, P. 2016. 모두에게 실질적 자유를: 기본소득에 대한 철학적 옹호. 조현진,역. 후마니타스. 원 서출판 1998.
- 하라리, 유발. 2017. 호모 데우스: 미래의 역사: 김영사.
- 한국청소년정책연구원. 2018. 청년 사회·경제 실태조사. http://kosis.kr.
- 한동우. 2020.7.1. 노동이라는 신화와 생활세계의 탈환. 참여연대 사회복지위원회.
- 한승곤. 2019. '제2 윤창호법' 시행으로 대리운전 시장 활기…열악한 노동환경은 개선해야, 아시아경제. Retrieved from https://news.naver.com/main/read.nhn?mode=LSD&mid=sec&sid1=102& oid=277&aid=0004490061
- 황영진. 2020. 도민 78% "재난기본소득 필요하다." 경기매일, http://www.kgmaeil.net/news/ articleView.html?idxno=236826.